Georg Gänswein

VOM NINE-ELEVEN UNSERES GLAUBENS

Mit einem Vorwort von Prinz Asfa-Wossen Asserate

fe

1. Auflage 2019
© fe-medienverlags GmbH
Hauptstr. 22, D-88353 Kißlegg
www.fe-medien.de

ISBN 978-3-86357-244-0

Coverfoto: EWTN.TV
Foto Rückseite: privat
Umschlaggestaltung: Manuel Kimmerle
Druck: orth-druk, Bialystok (Polen)

Printed in EU

Inhaltsverzeichnis

Die Kirche ist bei ihren Prinzipien intolerant,
weil sie glaubt, und sie ist in der Praxis tolerant,
weil sie liebt. Die Feinde der Kirche sind in den
Prinzipien tolerant, weil sie nicht glauben, und sie
sind intolerant in der Praxis, weil sie nicht lieben.

Reginald Garrigou-Lagrange OP (1877–1964)

„STRENGES GLÜCK"

Vorwort von Prinz Asfa-Wossen Asserate

„Stat crux dum volvitur orbis – Das Kreuz steht fest, während die Welt sich dreht." So lautet der Wahlspruch des Kartäuserordens. Georg Gänswein wollte in jungen Jahren Kartäusermönch werden, wie er berichtet. Das „strenge Glück" der Kartäuser, wie Goethe es nannte, liegt im kontemplativen Schweigen und in der Einsamkeit. „Getrennt von allen, sind wir eins mit allen, damit wir stellvertretend für alle vor dem lebendigen Gott stehen", heißt es in den Statuten des Ordens.

Die unwägbaren Weichenstellungen des Lebens haben Georg Gänswein aber auf andere Bahnen gelenkt. Er ist heute eine der einflussreichsten Persönlichkeiten der katholischen Weltkirche und er ist ein eloquenter Redner. Der Diktatur des Zeitgeists zu widerstehen und entschieden aus der Wahrheit des christlichen Glaubens heraus zu leben, diese Maxime betont Georg Gänswein in seinen Vorträgen immer wieder. Er begeistert, weil er essenzielle Fragen des Menschseins und des Christseins berührt.

Im Januar 2013 hat Papst Benedikt XVI. seinen langjährigen Privatsekretär zum Erzbischof geweiht und ihm als Präfekt des Vatikans die Fürsorge für das päpstliche Haus anvertraut. Auch unter Benedikts Nachfolger Papst Franziskus dient Erzbischof Gänswein in seiner verlässlichen und anpackenden Art in diesem Amt. Er ist unter anderem zuständig für den offiziellen Terminkalender des Papstes, ist verantwortlich für dessen Audienzplan und er organisiert die Betreuung von Staatsgästen. Gleichzeitig wirkt Georg Gänswein weiterhin als Privatsekretär von Papst emeritus Benedikt XVI. Es ist ein über die Jahre gewachsenes, enges Vertrauensverhältnis. Ich kann sein diplomatisches Geschick nur bewundern, mit dem er die Fülle seiner Aufgaben bewältigt.

„Testimonium perhibere veritati" (Für die Wahrheit Zeugnis ablegen). Diesen Wahlspruch hat sich Erzbischof Gänswein für sein Bischofswappen gewählt. Es ist ein Jesuswort: „Ja, ich bin ein König. Dafür bin ich geboren und dafür in die Welt gekommen, um für die Wahrheit Zeugnis abzulegen. Jeder, der aus der Wahrheit ist, hört auf meine Stimme", heißt es im Evangelium nach Johannes (Joh 18,36). Papst Benedikt XVI. erklärt in seinem zweiten Buch seiner Jesus-Trilogie die Bedeutung dieser Worte auf folgende Weise: „Gott und seinen Willen den Interessen der Welt und ihren Mächten gegenüber zur Geltung zu bringen. Gott ist der Maßstab des Seins." – „Veritas" (Wahrheit) war immer auch Schlüsselbegriff im Leben des deutschen Papstes.

„Was ist Wahrheit?" Die berühmte Frage des Pilatus im Prozess gegen Jesus leuchtet als roter Faden im Leben Papst Benedikts XVI. und auch Erzbischof Gänsweins. Es geht um die christliche Wahrheit, „die man nicht haben oder besitzen kann, sondern der man sich nur annähern kann": Gott ist Mensch geworden. In ihm steht die Wahrheit vor uns. Er hat sich uns in der Person von Jesus Christus offenbart und zur Nachfolge aufgerufen, als Gottes Ebenbilder, als Kinder Gottes.

„Was nottut in einer Gesellschaft, in der der Relativismus und die Ablehnung religiöser Wahrheiten zum guten Ton gehören, ist ein Beitrag für eine andere Wahrheit, für einen anderen Blickwinkel, für ein alternatives Konzept vom Wesen des Menschen", sagte Papst Benedikt XVI. bei seiner Rede im Bundestag im Jahr 2011. „Daran müsse dringend immer wieder erinnert werden", meint Erzbischof Gänswein. Darin sehe ich die Motivation für die Vorträge, die in diesem Band gesammelt sind.

Als äthiopisch-orthodoxer Christ habe ich die radikale Freiheit der römischen Kirche, für die Wahrheit einzustehen, immer bewundert. Die mehr national geprägten orthodoxen Kirchen sehe ich öfter bereit zu Kompromissen. Gefreut hat mich, dass Erzbischof Gänswein in der Vorstellung eines Buches von Robert Kardinal Sarah darauf hinweist, dass diese Freiheit der römischen Kirche auf einen Afrikaner zurückzuführen ist:

Im 5. Jahrhundert formulierte Papst Gelasius I. – er war der dritte afrikanische Papst – die später sogenannte Zwei-Gewalten-Lehre. Sie stellte die weltliche Herrschaft des Kaisers, das *regnum,* und die geistliche Herrschaft des Papstes, das *sacerdotium,* auf eine Ebene, wobei sich letztlich die weltliche Herrschaft der göttlichen unterzuordnen hat. So konnte die Balance zwischen geistlicher und weltlicher Macht im frühmittelalterlichen Europa über Jahrhunderte aufrechterhalten werden. Erzbischof Gänswein sagt dazu:

„Die ‚Zwei-Schwerter-Lehre', wie der Anspruch nach diesem Brief benannt wurde, beschrieb danach etwa 600 Jahre lang das Verhältnis zwischen Staat und Kirche. Seine indirekten Auswirkungen dauerten unendlich viel länger. Die allmähliche Entstehung der westlichen Demokratien ist undenkbar ohne diesen Anspruch. Denn hier wurde nicht nur der Grundstein für die Souveränität der Kirche gelegt, sondern auch die jeder legitimen Opposition … Wenn die Staaten des Westens heute nach der Regie global agierender Pressure-Groups reihenweise das Naturrecht aushebeln und selbst über die Natur des Menschen befinden wollen, dann ist dies mehr als nur ein fataler Rückfall in die Herrschaft der Willkür. Es ist vor allem eine neue Unterwerfung vor jener totalitären Versuchung, die unsere Geschichte immer wie ein Schatten begleitet hat."

Worum aber geht es bei der Frage nach der Natur des Menschen? – Auf dem Spiel stehe nichts Geringeres als ein rechtes Verständnis der Menschenwürde nach dem Maßstab der Ebenbildlichkeit Gottes, betont Erzbischof Gänswein in seiner Rede anlässlich des 70. Jahrestages des Grundgesetzes der Bundesrepublik Deutschland.

„Die katholische Antwort zur Frage nach der Würde des Menschen ist diese: Menschenwürde hat man nicht so, wie man ein Bein oder ein Hirn hat. Der Mensch erwirbt seine Würde nicht. Er kann sie deshalb auch nicht verlieren. Sie ist jedem einzelnen Menschen schon vor Beginn der Schöpfung gegeben und liegt in dem Willen Gottes, den Menschen nach seinem Abbild, nach dem Abbild Gottes zu schaffen. Diese Würde ist darum allen Menschen zuteil und eigen, gleich, woher sie stammen, welche Sprache sie sprechen, welche Hautfarbe sie haben, ob sie politisch uninteressiert oder besonders radikal sind, ob gesetzestreu oder Gesetzesbrecher. Sie steht – obwohl wir es alle wissen, sei es an dieser Stelle noch einmal ausdrücklich betont – natürlich auch allen Nichtchristen zu. Alle Menschen sind nach dem Abbild Gottes geschaffen."

Meine ursprüngliche Heimat ist Afrika. Ich bin Äthiopier. Ich kann Erzbischof Gänswein nur mit ganzem Herzen zustimmen, wenn er in seinem Vortrag weiter schlußfolgert:

„Wer verstehen will, wofür das ‚C‘ ihrer christlichen Parteien steht, muss in die Krippe schauen, wo das Wimmern des Neugeborenen uns schon in Betlehem ins Ohr flüstert: ‚Gott ist der Kleinste!‘ Diese unfassbare Demut des Größten ist jener Welt auf kostbare Weise als Signatur eingeschrieben, wo die Menschenwürde nach einer Serie von Menschheitskatastrophen als unantastbar erklärt werden konnte … Wer begreifen will, warum sich unzählige Menschen aufmachen und in ihrer Not nach Europa flüchten und nicht nach China oder in die Arabischen Emirate, muss auf dieses Kind blicken, dem wir die wichtigste Grundierung unserer christlichen Welt verdanken, die so anders gestaltet wurde mit ihren Sozialsystemen, ihrem Freiheitswillen und dem Anspruch der unantastbaren Menschenwürde."

Es ist unser Umgang mit den Ausgestoßenen, mit den Hungrigen, mit den Armen, mit den Kranken und mit den Fremden, an dem sich christlicher Glaube jeden Tag beweist.

Doch noch ein weiterer Gedanke taucht in den Vorträgen Erzbischof Gänsweins immer wieder auf: „Die Kirche möchte und darf nicht nur die diesseitigen materiellen Bedürfnisse des Menschen befriedigen. Sie ist nicht nur Caritas, auch wenn diese und viele weitere hervorragende katholische Einrichtungen im Sozial- und Gesundheitswesen selbstverständlich zur Kirche gehören."

„Mein Reich ist nicht von dieser Welt", sagte Jesus zu Pontius Pilatus.

„Das Ziel der Würde des Menschen ist die Heiligung des Menschen – und sein Ruhen bei Gott in Ewigkeit. Dies ist der letzte Horizont, vor dem allein unser Leben gelingen kann und die Kirchen sich erneuern können und erneuern müssen und um sie herum noch einmal die ganze Welt", sagt Erzbischof Gänswein. Und er betont: „Zur Vollendung kommt diese Würde erst am Ende der Tage, wie es auch Papst Franziskus immer wieder unterstreicht, für den die letzte Kategorie des Lebens das Leben mit Gott in der Ewigkeit ist, zu dem der gekreuzigte Gottessohn mit seiner Auferstehung von den Toten für uns alle und ein für alle Mal das Tor aufgestoßen hat."

Über den Gründer des Kartäuserordens, den heiligen Bruno, wird berichtet, dass er im Jahr 1080 ernsthafte Aussichten auf den Bischofssitz von Reims im Nordosten Frankreichs hatte. Doch die kirchlichen Missstände waren ihm derart unerträglich geworden, dass er eine Kandidatur ablehnte und ein kontemplatives Leben wählte. Erzbischof Gänsweins Lebensweg folgt in meinen Augen mehr dem des heiligen Augustinus, der sich ebenfalls dem kontemplativen Leben widmen wollte, sich dann aber entschloss, zwar weiterhin „mit Christus und für Christus zu leben, aber im Dienst aller", wie es Papst Benedikt in seinem Buch über den Heiligen beschreibt. Doch auch die Kartäuser wissen, dass man inmitten der Arbeit „den Geist des Gebets und der Einsamkeit bewahren kann". In meinen Augen zeigt das Leben von Erzbischof Gänswein genau dies, wie es dieses Buch auf wundervolle Weise spiegelt.

MARIA, DER MORGENSTERN

15. August 2014:
Predigt in Maria Vesperbild zum Hochfest
der Aufnahme Mariä in den Himmel

Castel Gandolfo ist einer der schönsten Orte in den Albaner Bergen, eine halbe Autostunde von Rom entfernt, herrlich über dem Albaner See gelegen. Dort befindet sich seit Jahrhunderten die Sommerresidenz der Päpste, seit 1934 aber auch die vatikanische Sternwarte, die von Papst Pius XI. von Rom nach Castel Gandolfo verlegt wurde, weil damals schon in der Weltstadt Rom die Beobachtung des nächtlichen Sternenhimmels aufgrund der Überflutung durch künstliches Licht unmöglich geworden ist. Der gleiche Papst hat die Leitung der Sternwarte damals dem Jesuitenorden anvertraut.

Und nun haben dort vor einiger Zeit zwei Jesuitenpatres bei ihren astronomischen Beobachtungen einen neuen Planeten am Sternenhimmel entdeckt. Die Nachricht ging rund um die Welt. In mir aber hat die Entdeckung die Erinnerung wachgerufen, dass sich im Bereich der Glaubenslehre bisweilen Ähnliches ereignet wie in der Sternenkunde. Durch stets genauere Beobachtung des bestirnten Himmels mit immer besseren und schärferen optischen Instrumenten gelingt den Astronomen von Zeit zu Zeit die Entdeckung eines neuen Sterns, den man vorher noch nicht kannte. Dieser Stern fängt natürlich nicht erst dann zu existieren an, wenn er entdeckt wird. Er existierte längst vorher. Nur sah man ihn nicht. Die Berechnungen und Beobachtungen waren bis dahin zu wenig exakt gewesen, die Instrumente zu wenig scharf, die Fixierung zu wenig genau.

Ähnlich geht es zu bei der Beobachtung jenes wunderbaren Sternenhimmels der Offenbarungswahrheiten, die Gott uns Menschen mitgeteilt hat durch seinen Sohn Jesus Christus und die Apostel. Durch genaue Beobachtung wird am Himmel der göttlichen Offenbarung von Zeit zu Zeit ein neuer Stern entdeckt – nicht etwa erst geschaffen!

So war es um die Mitte des 19. Jahrhunderts: Die Theologen hatten ähnlich den Astronomen das Teleskop ihrer Forschungen auf den „Morgenstern" ausgerichtet, die Stella matutina, wie Maria in der Lauretanischen Litanei genannt wird. Sie beobachteten den Aufgang dieses „Morgensterns" und entdeckten, dass seine Leuchtkraft und Helligkeit von allem Anfang an völlig fleckenlos ist.

Mit anderen Worten: Die Gottesgelehrten richteten damals ihre Beobachtungen und Untersuchungen auf den allerersten Anfang der Existenz Mariens und entdeckten immer klarer und eindeutiger, dass Maria vom ersten Augenblick ihrer Empfängnis an die „Gnadenvolle" war, frei von der Erbsünde. Papst Pius IX. hat dann am 8. Dezember 1854 als oberster Lehrer der Kirche feierlich erklärt: Die Entdeckung der Theologen stimmt, es ist eine von Gott geoffenbarte Wahrheit, die von allen Christen anzunehmen und zu glauben ist, dass Maria unbefleckt, das heißt frei von der Erbsünde, empfangen worden ist!

Im Jahrhundert, das dieser unfehlbaren Erklärung folgte, konzentrierten die Theologen ihre Beobachtungen nochmals auf den „Morgenstern", auf die Gottesmutter. Dieses Mal ging es ihnen aber nicht mehr um seinen Aufgang, sondern um seinen Untergang. Und man entdeckte immer klarer und deutlicher, dass dieser „Morgenstern" keinen Untergang kennt, sondern in der anderen Welt in ungetrübtem Glanze, in gleicher, nein, in noch größerer Lichtstärke weiterleuchtet. Dieses Mal ging es den Gottesgelehrten nicht mehr um den Anfang, sondern um das Ende des irdischen Lebens Mariens. Und siehe, man erkannte, dass dem strahlenden Anfang in der unbefleckten Empfängnis auch ein hellleuchtendes Ende entspricht: ein Heimgang Mariens ohne Verwesung, eine Verherrlichung der Gottesmutter an Seele UND Leib. Man erkannte immer klarer das, was an sich von jeher schon zur göttlichen Offenbarung dazugehörte und was schon seit langer Zeit, mindestens seit dem 6./7. Jahrhundert, in der Kirche geglaubt und durch ein eigenes Fest gefeiert worden war, nämlich: Maria ist am Ende ihres irdischen Lebens nicht bloß in ihrer makellos reinen Seele, sondern auch mit ihrem jungfräulichen Leib in die Herrlichkeit des Himmels aufgenommen worden. Sie hat den Tod in seiner beschämendsten Auswirkung, nämlich in der Verwesung, nicht erfahren müssen, sondern hat mit ihrem Sohn den vollen Sieg über die Sünde und über die Folgen der Sünde errungen, zu denen vor allem der Tod gehört. Sie thront mit Seele und Leib im Himmel als Königin der Engel und Heiligen.

Was die Theologen im Lauf der Zeit immer deutlicher am „Morgenstern" des Himmels der göttlichen Offenbarung erkannt hatten, das war nicht eine Sinnestäuschung, auch nicht nur das Wunschbild überhitzter Marienliebe des gläubigen Volkes, sondern war und ist DIE Wahrheit, die ihre Bestätigung fand, als Papst Pius XII. es feierlich 1950 als Dogma verkündete: Maria ist am Ende ihres Erdenlebens mit Seele und

Leib in die himmlische Herrlichkeit aufgenommen worden. Und das war nicht so sehr Ausnahme, sondern vielmehr Vorausnahme dessen, was uns allen einmal zuteilwerden soll, wenn wir uns – wie Maria – bewähren in der Treue gegen Gottes Gebote und in der Liebe zu Gott, der uns erschaffen hat, dass wir ihn erkennen, ihn lieben.

So haben wir allen Grund, uns am Fest der Aufnahme Mariens in den Himmel von ganzem Herzen zu freuen wie damals, als Papst Pius XII. diesen Glaubenssatz am Allerheiligenfest 1950 feierlich verkündete – auch wenn uns die Hl. Schrift nichts ausdrücklich darüber berichtet, sondern nur einschlussweise davon spricht: Die jungfräuliche Gottesmutter Maria ist mit ihrem göttlichen Sohn zusammen zur Schlangenzertreterin geworden. Auch wenn die Tradition, die mündliche Überlieferung, der ersten christlichen Jahrhunderte scheinbar darüber noch schweigt. Es ist dennoch wahr, denn die Kirche war bereits durch die Jahrhunderte hindurch überzeugt, was Pius XII. als von Gott geoffenbarte Glaubenswahrheit definiert hat: Assumpta est Maria in coelum, Maria ist aufgenommen in den Himmel mit Leib und Seele.

Dieser Stern der Glaubenswahrheit von Mariä Himmelfahrt bringt Licht in das Dunkel unserer Zeit, in der sich ein oberflächlicher Positivismus ausgebreitet hat wie eine ansteckende Epidemie. In diesem verhängnisvollen System der praktizierten Gottlosigkeit ist kein Platz für Gott, da gibt es keinen Unterschied zwischen Geist und Materie, zwischen Seele und Leib. Da gibt es auch kein Fortleben der Seele nach dem Tod und darum auch keine Hoffnung auf ein anderes Leben im Jenseits. Dieser folgenschweren Irrlehre gegenüber will der Glaubenssatz von der Aufnahme Mariens in den Himmel mit Seele und Leib wie an einem konkreten Beispiel zeigen, dass der Geist es ist, der die Materie erst belebt, beseelt und verklärt, dass die Seele unsterblich ist und dass auch der Leib zusammen mit der Seele zu unvergänglichem, ewigem Glück gelangen soll. Dass also die Hoffnung auf ein anderes Leben nicht trügerisch ist, sondern wirkliche Erfüllung findet, weil mit dem Tod eben nicht alles aus ist, sondern dann erst das Leben richtig beginnt.

So möge der Stern des Geheimnisses der Aufnahme Mariens in den Himmel, das wir heute so festlich feiern, hineinleuchten in die Dunkelheit unserer Zeit. Beherzigen wir als gläubige Menschen die Mahnung des großen Marienverehrers Bernhard von Clairvaux:

„Wer du auch immer bist: Wenn du merkst, dass du im Strom dieser Welt mehr durch Stürme und Unwetter hin- und hergetrieben wirst, als auf festem Boden zu wandeln, dann wende deine Augen nicht ab von diesem hellen Stern, damit du nicht von den Stürmen verschlungen wirst! Wenn die Stürme der Versuchung sich erheben und du auf die Klippen der Trübsal stößt, blick auf zu dem Stern, rufe zu Maria! Wenn du von den Wogen des Stolzes und der Eitelkeit hin- und hergetrieben wirst, blick auf zu dem Stern, rufe zu Maria! Wenn Zorn und Habsucht dich bedrängen, blick auf zu Maria! Wenn du ob der Schwere deiner Sünden bestürzt und vom Schrecken vor dem Gericht Gottes erfasst wirst, wenn du im Abgrund der Traurigkeit zu versinken drohst, denk an Maria, an diesen strahlenden Morgenstern, der dir in allem Dunkel die rechte Richtung weist und den Weg zeigt!"

Maria ist die Erste von uns Menschen, der die Erlösung in ihrer ganzen Fülle zuteilgeworden ist. Im Ja, das Gott zu Maria gesprochen hat, hat er zu uns allen Ja gesagt. Dieses Ja wird in seiner ganzen Wirklichkeit am Ende der Tage in der Vollendung der Welt offenbar werden. Aber schon jetzt treffen die

Strahlen der Güte Gottes uns Menschen; zuweilen erst nach langem Beten, manchmal auf überraschende Weise.

Davon zeugen die vielen Votivtafeln hier an diesem Wallfahrtsort. Wir lesen dort oft: Maria hat geholfen. Hinter solchen Worten steht die Erfahrung von vielen Menschen, dass unsere Welt nicht ein gottverlassenes, bankrottes Unternehmen ist und dass unser Beten und Leiden nicht unnütz sind. Gott führt uns, wenn auch oft geheimnisvoll. Er will uns durch die Hand Mariens führen. Ergreifen wir dankbar und voller Zuversicht diese Hand und sie lässt uns nicht mehr los. Amen.

ENTWELTLICHUNG UND NEUEVANGELISIERUNG

Reizworte oder Leitmotiv einer Kirchenreform?

1. Oktober 2015:
Inaugurationsvortrag zur Eröffnung des akademischen
Jahres der Philosophisch-Theologischen Hochschule
Benedikt XVI., Heiligenkreuz im Wienerwald

Im Vorwort zu seinem Buch „Einführung in das Christentum", das aus einer Vortragsreihe für Hörer aller Fakultäten 1967/68 an der Universität Tübingen entstand, erzählt Joseph Ratzinger das alte Märchen vom „Hans im Glück", der, um es bequemer auf seinem Weg zu haben, den Goldklumpen, der ihm zu schwer wurde, der Reihe nach eintauscht: „für ein Pferd, für eine Kuh, für eine Gans, für einen Schleifstein, den er endlich ins Wasser warf, ohne noch viel zu verlieren. Im Gegenteil: Was er nun eintauschte, war die köstliche Gabe völliger Freiheit, wie er meinte."

Für Joseph Ratzinger war dies ein Bild des Weges der Theologie, die aus modischer Anpassung, letztlich aus Bequemlichkeit, den Anspruch des Glaubens Stufe um Stufe herunterinterpretiert. Es scheint, dass dieses Geschick, das Joseph Ratzinger im Blick auf die Theologie in bildhafter Sprache erzählt, auch seiner Rede anlässlich seines Deutschlandbesuchs

im Freiburger Konzerthaus am 25. September 2011 wider-
fährt. Dann wird aus einer Kostbarkeit, die man in Händen
hält, ein Mühlstein, dessen Last man sich alsbald entledigt.

Kaum war der letzte Satz im Konzerthaus verklungen, be-
mühte man sich zu sagen, worüber Papst Benedikt XVI. nicht
gesprochen habe, was er nicht gemeint habe: Auf jeden Fall
habe er keine stärkere Trennung von Staat und Kirche emp-
fohlen und auch nicht von der Kirchensteuer gesprochen. Eine
Einschätzung lautete: Es war ein „geistliches Wort". Damit
sollte die offensichtliche Brisanz der Rede gemildert werden,
denn sie enthält alles andere als folgenlose, glatte Worte. Die
Rede löste eine Welle von Diskussionen und kritischen Bei-
trägen aus.

Damit die Kirche ihre Sendung verwirklichen kann, „wird
sie immer wieder auf Distanz zu ihrer Umgebung gehen müssen, sich gewissermaßen ‚entweltlichen'".

Mit diesem Wort „Entweltlichung", das immer mehr zu
einem Reizwort geworden ist, hat Papst Benedikt XVI. viele
Zuhörer überrascht, einige auch verwirrt. Befürchtungen
wurden laut, der Papst habe das Zweite Vatikanische Konzil mit seiner gewollten Öffnung auf die Welt hin widerrufen
und damit das Christliche in seinem Kern beschädigt, der in
der Weltzuwendung und Menschwerdung Gottes bestehe. Er
wolle die Kirche wiederum in ein lebensfremdes Gebilde zu-
rückverwandeln, das sich aus dem Dreck und Elend der Welt
heraushält.

Die Fragen und Befürchtungen sind nicht rhetorisch gemeint. Sie bewegen viele Menschen. Aber sie zielen an dem
Anliegen von Papst Benedikt XVI. vorbei. Denn sie nehmen
nur die eine von zwei grundlegenden Bewegungsrichtungen
wahr, von denen Benedikt gesprochen hat. Der christliche
Glaube kennt sowohl die Bewegung Gottes auf die Welt hin,

die ihren unüberbietbaren Höhepunkt in der Inkarnation des Wortes Gottes in Jesus Christus gefunden hat, als auch die Bewegung der Distanzierung von der Welt, weil der Glaube sich nicht den Maßstäben der Welt angleichen und sich damit in die Welt hineinverstricken darf.

Über die erste Bewegungsrichtung von Glaube und Kirche hat Papst Benedikt in Freiburg sehr klar gesprochen: „Die Kirche taucht ein in die Hinwendung des Erlösers zu den Menschen. Sie ist, wo sie wahrhaft sie selber ist, immer in Bewegung, muss sich fortwährend in den Dienst der Sendung stellen, die sie vom Herrn empfangen hat. Und deshalb muss sie sich immer neu den Sorgen der Welt öffnen, zu der sie ja selber gehört, sich ihnen ausliefern, um den heiligen Tausch, der mit der Menschwerdung begonnen hat, weiterzuführen und gegenwärtig zu machen." Diese der Welt zugewandte Seite der Kirche ergibt sich in der theologischen Sicht des Papstes vor allem aus der Eucharistie als der sakramentalen Mitte des Christentums und bringt damit zum Ausdruck, dass es keine letzte Grenze zwischen Liturgie und Leben geben kann. Papst Benedikt betont: „Caritas', die Sorge um den anderen, ist nicht ein zweiter Sektor des Christentums neben dem Kult, sondern in diesem selbst verankert und ihm zugehörig. Horizontale und Vertikale sind in der Eucharistie, im Brotbrechen untrennbar verbunden."

Von einer Verabschiedung der Kirche aus ihrer Weltverantwortung oder gar Weltflucht kann im theologischen Denken von Papst Benedikt keine Rede sein. Wer so entschieden den Weltbezug von Glaube und Kirche hervorhebt, der ist auf der anderen Seite nicht nur berechtigt, sondern auch verpflichtet, vor einer selbstgenügsamen Anpassung der Kirche an die Plausibilitäten der Welt zu warnen und die biblische Einsicht in Erinnerung zu rufen, dass die Kirche zwar in der Welt, aber nicht von der Welt ist. Doch diese Warnung erfolgt nochmals um einer besseren Wahrnehmung der Sendung der Kirche willen: „Das missionarische Zeugnis der entweltlichten Kirche tritt klarer zutage. Die von materiellen und politischen Lasten und Privilegien befreite Kirche kann sich besser und auf wahrhaft christliche Weise der ganzen Welt zuwenden, wirklich weltoffen sein."

Damit dürfte auch evident sein, dass der Verdacht verfehlt ist, Papst Benedikt gehe mit seinem Programm der Entweltlichung hinter das Zweite Vatikanische Konzil zurück. Er kann vielmehr auf wesentliche Perspektiven zurückgreifen, die auf dem Konzil entwickelt worden sind, wie beispielsweise die Forderung nach einer Kirche für die Armen und die Zumutung an die Kirche, aus freien Stücken auf weltliche Privilegien zu verzichten, um die Kirche glaubwürdiger zu machen. Es ist an dieser Stelle daran zu erinnern, dass das zweite Kapitel über die Kirche als Volk Gottes in die Dogmatische Konstitution Lumen gentium vor allem aufgenommen worden ist, um die eschatologische Dimension der Kirche bewusst hervorzuheben. Denn das Bild vom Volk Gottes verweist auf die geschichtliche Vorläufigkeit der Kirche, die ihr so lange anhaftet, als sie in der Weltzeit unterwegs ist. Im Bild der Kirche als Volk Gottes wird deshalb auch ihre Bereitschaft ausgesagt, sich immer wieder von ihren historisch bedingten Verwurzelungen in vergangenen gesellschaftlichen und politischen Konstellationen zu lösen und sich auf neue Herausforderungen einzulassen.

Christen leben in der Welt und sind berufen, ihr zu dienen und in ihr zu wirken. Sie dürfen sich aber nicht der Welt anpassen.

Deshalb wird es zwischen den Sphären der Welt und des Christseins unvermeidlich Reibungen geben, auch Reibungen, die bis zum Hass gegenüber jenen gehen können, die sich in den Mainstream der Welt und der heutigen Zeit nicht einfach einschmelzen lassen. Um diesem Hass zu entgehen, stehen Christen und die Kirche immer wieder in der Versuchung, sich nun doch der Welt anzupassen und sein zu wollen wie alle anderen. Ein berühmtes und unrühmliches Beispiel ist die Einrichtung des Königtums im Volk Israel.

Ausgerechnet das Königtum, aus dem der Messias hervorgehen wird, war ursprünglich von Gott weder vorgesehen noch gewollt. Seine Etablierung muss vielmehr verstanden werden als Ausdruck einer ungeheuren Rebellion des Volkes Israel gegen Jahwe, als Zeichen seines Abfalls vom wahren Willen Gottes und als Konsequenz der übermäßigen Anpassung Israels an die Welt. Nach der Landnahme hatte das Volk Israel keine Herrscher, sondern Richter, die nicht selbst Recht schaffen konnten, vielmehr nur das Recht Gottes anwenden durften. Denn König war im Volk Israel allein Gott. Zu einem eigenen Königtum in Israel ist es erst aufgrund seiner Anpassungssucht an die es umgebende Welt gekommen. Israel wurde eifersüchtig auf die Völker in seiner Umgebung, die alle einen König hatten, und es wollte werden wie diese Völker. Vergeblich schärfte der Prophet Samuel dem Volk ein, es werde seine Freiheit verlieren und in die Knechtschaft geführt werden, wenn es einen König hat. Das Königtum in Israel ist deshalb der drastische Ausdruck seiner Rebellion gegen das alleinige Königtum Gottes. Es kommt einer Demontierung seiner göttlichen Erwählung gleich, wenn das Volk nicht auf Samuel hören wollte, sondern erklärte:

„Nein, ein König soll über uns herrschen. Auch wir wollen wie alle anderen Völker sein" (1 Sam 8,19).

Heute wollen wir Christen gewiss keine Könige mehr. Aber wollen nicht auch wir oft genug sein wie alle Völker? Sein zu wollen wie alle anderen Völker, ist eine Grundversuchung auch in der Kirche heute. Sie ist vor allem dort wirksam, wo das konziliare Grundwort „Volk Gottes" immer weniger vom biblischen und immer mehr vom soziologischen Sprachgebrauch her verstanden wird.

Die alttestamentliche Geschichte von der Etablierung des Königtums in Israel und das ihr zugrunde liegende Sein-Wollen wie die anderen sind uns als bleibende Warnung vor Augen gestellt. Das Volk Gottes muss immer auf der Hut sein vor der Angleichung an die Welt. Die entscheidende Anpassung, die von uns Christen und von der Kirche immer wieder gefordert ist, ist in erster Linie nicht Anpassung an die moderne Zeit und ihren Geist, sondern Anpassung an die Wahrheit des Evangeliums: „Die Krise des kirchlichen Lebens beruht letztlich nicht auf Anpassungsschwierigkeiten gegenüber unserem modernen Leben und Lebensgefühl, sondern auf Anpassungsschwierigkeiten gegenüber dem, in dem unsere Hoffnung wurzelt und aus dessen Sein sie ihre Höhe und Tiefe, ihren Weg und ihre Zukunft empfängt: Jesus Christus und seiner Botschaft vom ‚Reich Gottes'."

Im Licht dieses Bekenntnisses leuchten die zentralen Anliegen von Papst Benedikt XVI., die er mit dem Stichwort der Entweltlichung verbindet, erst recht auf. In diesem Licht wird freilich zunächst der Schatten sichtbar, nämlich die elementare Krise, in der sich die Kirche heute befindet. In erster Linie zeigt sich dabei eine pastorale Krise. Es stellt sich stets deutlicher die Frage, was wir in der Pastoral eigentlich tun, wenn wir Kinder taufen, deren Eltern keinen Zugang zu Glaube und Kirche haben, wenn wir Kinder zur Erstkommunion führen, die nicht wissen, wen sie in der Eucharistie empfangen, wenn wir Jugendliche firmen, für die das Sakrament nicht die endgültige Eingliederung in die Kirche, sondern die Verabschiedung von ihr bedeutet und wenn das Ehesakrament bloß der Verschönerung einer Familienfeier dient. Selbstverständlich gibt es auf diese Fragen keine einfachen und schnellen Antworten, aber sie müssen als ernsthafte Herausforderungen wahrgenommen werden.

Hinter der pastoralen Krise verbirgt sich eine noch tiefer liegende Krise, die darin besteht, dass wir heute mitten in einem epochalen Wandel stehen, ohne dass schon neue Horizonte sichtbar würden, die anzeigen, wie es weitergehen soll. Wir erleben gegenwärtig das „Zu-Ende-Gehen" jener Epoche der Kirchengeschichte, die man als „konstantinisch" bezeichnen kann. Denn das Strukturganze, das der seelsorglichen Praxis zugrunde liegt, bricht immer mehr auseinander. Die gesellschaftlichen Stützen der Volkskirche, die bisher das „Christwerden" und „Kirche-sein" getragen haben, verschwinden mehr und mehr. Christsein und Zugehörigkeit zur Kirche sind weithin nicht mehr von einem volkskirchlichen Milieu getragen, sondern sind immer mehr die Angelegenheit persönlicher Entscheidungen Einzelner geworden.

Die bisherige volkskirchliche Gestalt der Kirche kann deshalb nicht ein in die Zukunft weisendes Modell der Kirche im neuen Jahrtausend sein.

Trotzdem sind in der Kirche heute starke Tendenzen festzustellen, die das bisher vererbte, geschichtlich gewachsene und volkskirchlich geprägte „Kirche-sein" weithin problemlos voraussetzen und zugleich verstetigen, auch weiterhin auf eine volkskirchlich orientierte Pastoral der flächendeckenden Begleitung und der Besitzstandswahrung setzen. Dabei blicken sie entweder in einer gewissen Selbstzufriedenheit auf die noch gut funktionierenden volkskirchlichen Restbestände oder brechen angesichts dessen, was nicht mehr funktioniert, ins Murren aus – wie das Volk Israel in der Wüste, das sich nach den Fleischtöpfen Ägyptens zurückgesehnt und Mose als Sündenbock angeklagt hat.

Im Unterschied zu diesen „konservativen" Strategien, die freilich gerne als besonders fortschrittlich ausgegeben werden, ist Papst Benedikt überzeugt, dass die Kirche einen guten Weg in die Zukunft nur finden kann, wenn sie dieser neuen kirchlichen Situation Rechnung trägt und sich den stattfindenden Wandlungsprozessen aussetzt. Dazu gehört auch die Bereitschaft, herkömmliche Privilegien und daraus folgende Besonderheiten, wie z. B. die hohe Organisationsstruktur, zu überdenken und sich die Frage gefallen zu lassen: „Steht hinter den Strukturen auch die Kraft des Glaubens an den lebendigen Gott?" Indem der Papst einen „Überhang an Strukturen gegenüber dem Geist" diagnostizierte, formulierte er als Schlussfolgerung: „Die eigentliche Krise der Kirche in der westlichen Welt ist eine Krise des Glaubens. Wenn wir nicht zu einer wirklichen Erneuerung des Glaubens finden, werden alle strukturellen Reformen wirkungslos bleiben."

Entweltlichung erweist sich von daher nicht als eine Forderung, die Benedikt XVI. von außen an die Kirche heranträgt. Mit diesem Stichwort formuliert er vielmehr die Konsequenz, die sich aus der sensiblen Wahrnehmung der heutigen Situation der Kirche von selbst ergibt.

Zum tieferen Verständnis ist in Erinnerung zu rufen, dass sich Joseph Ratzinger mit diesen grundlegenden Fragen bereits früh auseinandergesetzt und weitreichende Schlussfolgerungen gezogen hat, in denen seine heutige Sicht schon weitgehend präsent ist. Vor fast 60 Jahren, im Jahre 1958, hat er in einem Beitrag mit dem bezeichnenden Titel „Die neuen Heiden und die Kirche" den historischen Weg der Kirche von der verfolgten kleinen Herde zur Weltkirche bis hin zur weitgehenden Deckungsgleichheit der Kirche mit der abendländischen Welt nachgezeichnet und als neue Herausforderung – die sich ihm bereits in den Fünfzigerjahren des letzten Jahrhunderts aufgedrängt hat – wahrgenommen, dass diese historisch gewordene Deckung heute „nur noch Schein" ist, der das wahre Wesen der Kirche und der Welt verdeckt und die Kirche zum Teil an ihrer notwendigen missionarischen Aktivität hindert. „So wird sich über kurz oder lang mit oder gegen den Willen der Kirche nach dem inneren Strukturwandel auch ein äußerer, zum pusillus grex (lat. für „kleine Herde") vollziehen."

Joseph Ratzinger war überzeugt, dass es der Kirche auf die Dauer nicht erspart bleiben wird, „Stück um Stück von dem Schein ihrer Deckung mit der Welt abbauen zu müssen und wieder das zu werden, was sie ist: Gemeinschaft der Glaubenden. Tatsächlich wird ihre missionarische Kraft durch solche äußeren Verluste nur wachsen können. Nur wenn sie aufhört, eine billige Selbstverständlichkeit zu sein, nur wenn sie anfängt, sich selbst wieder als das darzustellen, was sie ist, wird sie das Ohr der neuen Heiden mit ihrer Botschaft wieder zu erreichen vermögen, die sich bisher noch in der Illusion gefallen können, als wären sie gar keine Heiden."

In diesem unmissverständlich klaren Text kann man das ganze Programm der Entweltlichung der Kirche erblicken, mit dem Papst Benedikt die Kirche in Deutschland konfrontiert hat. In derselben Sinnrichtung hat Joseph Ratzinger in den Sechzigerjahren im Blick auf die Zukunft der Kirche seine Überzeugung zum Ausdruck gebracht, dass aus der Krise der Kirche auch ihre Erneuerung hervorgehen wird, dass nämlich aus einer „verinnerlichten und vereinfachten Kirche" eine große Kraft strömen wird.

Das Stichwort Entweltlichung fordert zu einer intensiven Auseinandersetzung über die Qualität der Krise heraus, die wir heute in der Kirche erleben. Wie jeder Arzt nur dann hilfreiche Therapieanweisungen formulieren kann, wenn eine klare Diagnose gegeben ist, so können auch in der Kirche nur dann gemeinsame Wege in die Zukunft beschritten werden, wenn man sich über die Diagnose hinsichtlich der gefährlichen Infekte im Klaren ist. Daran aber hapert es.

Beim ersten Hinsehen muss man zunächst von einer tiefgreifenden Kirchenkrise sprechen, die sich seit den Sechzigerjahren im Slogan „Jesus ja – Kirche nein" artikuliert. Doch bereits dieser Slogan hebt die genannte Krise auf die Ebene des Glaubens, weil man Jesus und die Kirche, die er gewollt hat und in der er gegenwärtig ist, nicht voneinander trennen und man ohne Christus das eigentliche Wesen der Kirche gar nicht verstehen kann. Auch auf diese Wunde hat Papst Benedikt während seines Deutschlandbesuchs den Finger gelegt: „Manche bleiben mit ihrem Blick auf die Kirche an ihrer äußeren Gestalt hängen. Dann erscheint die Kirche nur mehr als eine der vielen Organisationen innerhalb einer demokratischen Gesellschaft, nach deren Maßstäben und Gesetzen dann auch die so sperrige Größe ‚Kirche' zu beurteilen und zu behandeln ist. Wenn dann auch noch die leidvolle Erfahrung dazukommt, dass es in der Kirche gute und schlechte Früchte, Weizen und Unkraut gibt und der Blick auf das Negative fixiert bleibt, dann erschließt sich das große und schöne Mysterium der Kirche nicht mehr. Dann kommt auch keine Freude mehr auf über die Zugehörigkeit zu diesem Weinstock ‚Kirche'."

Der eigentliche Gegensatz, dem wir uns zu stellen haben, muss jedoch mit dem Wort umschrieben werden: „Jesus ja – Christus nein" oder „Jesus ja – Sohn Gottes nein". Erst in dieser Formel wird jener beunruhigende Bedeutungsverlust des christlichen Glaubens an Jesus als den Christus sichtbar, den wir heute feststellen müssen. Denn selbst in der Kirche will es heute oft nicht mehr gelingen, im Menschen Jesus das Antlitz des Sohnes Gottes selbst wahrzunehmen und in ihm nicht einfach einen, wenn auch besonders guten und herausragenden, Menschen zu sehen.

Mit dem christologischen Glaubensbekenntnis steht und fällt der christliche Glaube. Wenn Jesus nur ein Mensch gewesen wäre, dann wäre er unwiderruflich in die Vergangenheit zurückgetreten; und nur unser eigenes fernes Erinnern könnte ihn dann mehr oder weniger deutlich in unsere Gegenwart hereinholen. So aber wäre Jesus nicht der einzige Sohn Gottes, durch den wir leben und in dem Gott selbst bei uns ist. Nur wenn unser Glaube wahr ist, dass Gott selbst Mensch geworden und Jesus Christus wahrer Mensch und wahrer Gott ist und so Anteil hat an der Gegenwart Gottes, die alle Zeiten umgreift, kann Jesus Christus nicht bloß gestern, sondern auch heute unser wirklicher Zeitgenosse und das Licht unseres Lebens sein. Nur wenn Jesus nicht nur ein Mensch vor zweitausend Jahren gewesen ist, sondern als Sohn Gottes auch heute lebt, können wir seine Liebe erfahren und ihm vor allem in der Feier der heiligen Eucharistie begegnen.

Da im Christusbekenntnis immer schon der Glaube an den lebendigen Gott enthalten ist, der in die Geschichte der Menschheit eingetreten und Fleisch geworden ist und als Mensch unter Menschen gelebt hat, wird auch einsehbar, dass die heutige Krise des Christusglaubens ihre radikale Zuspitzung in einer Krise des Gottesglaubens findet. Die eigentliche Glaubenskrise, die wir heute erleben, liegt im weitgehenden Verblassen des biblisch-christlichen Gottes als eines in der Geschichte gegenwärtigen und handelnden Gottes: „Gott mag den Urknall angestoßen haben, wenn es ihn schon geben sollte, aber mehr bleibt ihm in der aufgeklärten Welt nicht. Es scheint fast lächerlich, sich vorzustellen, dass ihn unsere Taten und Untaten interessieren, so klein sind wir angesichts der Größe des Universums. Es erscheint mythologisch, ihm Aktionen in der Welt zuzuschreiben."

Es versteht sich von selbst, dass ein solchermaßen deistisch verstandener Gott weder zu fürchten noch zu lieben ist. Es fehlt die elementare Leidenschaft an Gott, die den christlichen Glauben auszeichnet; und darin liegt die tiefste Glaubensnot in der heutigen Zeit.

Vor dem Hintergrund dieser Diagnose lässt sich auch das Gegenmittel verstehen, das Papst Benedikt vorschlägt und das darin besteht, die Gottesfrage wieder neu in den Mittelpunkt des kirchlichen Lebens und der Verkündigung zu stellen. In dieser Zentralität Gottes leuchtet auch der innerste Kern dessen auf, was unter Entweltlichung zu verstehen ist. Denn „nicht von der Welt" zu sein bedeutet im biblischen Sinn, von Gott her zu sein und das Leben von Gott her zu betrachten und zu gestalten. Entweltlichung heißt zuerst und zutiefst, wieder neu zu entdecken, dass Christentum im Kern Glaube an Gott und das Leben einer persönlichen Beziehung mit ihm ist und dass alles andere daraus folgt. Da neue Evangelisierung im Kern darin besteht, Gott zu den Menschen zu bringen und sie in eine persönliche Gottesbeziehung hineinzubegleiten, sind Neuevangelisierung und Entweltlichung zwei Seiten derselben Medaille.

Zentralität der Gottesfrage und christozentrische Verkündigung sind die elementaren Inhalte, um die es bei der Entweltlichung der Kirche gehen muss und die zu einer wahrhaften Erneuerung der Kirche führen, die nicht von außen an die Kirche herangetragen, sondern in ihrem Inneren verwirklicht wird. Benedikts Forderung nach Entweltlichung als Programm einer katholischen Kirchenreform, die sich aufs Wesentliche konzentriert, heißt ganz einfach: Zeugnis geben für den Glauben.

Auf das Ablegen des Zeugnisses zielt in der Tat die Zumutung der Entweltlichung. Damit wird deutlich, dass Entweltlichung keinen Rückzug aus der Welt bedeutet, sondern im Gegenteil die Vorsorge dafür, dass das missionarische Zeugnis der entweltlichten Kirche nicht nur klarer zutage tritt, sondern auch als glaubwürdig erscheint.

Die Christen können sich die Zeiten nicht aussuchen, in denen sie leben. Die von ihnen geforderten Antworten können nicht einfach eine Wiederholung der Antworten früherer Generationen sein. Auch die Kirche als Ganze, nach der Konstantinischen Wende und nach zweitausend Jahren Geschichte, kann nicht zurück zur Urgemeinde. Aber sie muss Antworten auch für ihre Lebensform finden, die authentische Übersetzungen der Anfangsgestalt sind. Die Frage ist, ob die Katholiken durch das Festhalten am Überkommenen und aus Furcht vor Ungewohntem den teuren Schatz der Freiburger Konzerthausrede so lange herunterdeuten, bis man ihn wie einen Mühlstein wegwirft, oder ob sie, angeregt durch Benedikt XVI., das Wagnis eingehen, die Kirche noch einmal als „etwas ganz Neues" zu entdecken und die Konsequenzen, die sich daraus ergeben, im Dialog mit der Gesellschaft ohne Angst zu diskutieren und zielstrebig anzugehen.

Dass wir es mit einer Mehrheit von Nichtchristen und von Christen, die Glaube und Kirche nicht kennen und an der bisherigen Gestalt der Kirche nichts Fragenswertes mehr finden, zu tun haben, scheint sich nur ganz langsam Bahn zu brechen. In der Verkündigung und in der Sprache der Kirche ist diese Tatsache noch nicht angekommen. Um es auf die Ebene der Pastoral vor Ort anzuwenden: Die Testfrage, ob die Sonntags- oder Festpredigt und die Katechese auch von solchen verstanden werden kann, die nicht die kirchliche Insidersprache sprechen, wäre schon ein Beginn. Die Wahrnehmung dieser immensen Aufgabe ist aber geradezu die Voraussetzung für ein neues Leben in der Kirche. Denn Neuevangelisierung stellt keine neue zusätzliche Aufgabe dar, sondern bedeutet einen Perspektivenwechsel für die Gläubigen in der Kirche.

VOM ORIENT
ZUM OKZIDENT

12. Oktober 2015:
Vorstellung eines Buches über das Österreichische Hospiz
in Santa Maria dell'Anima in Rom

Vor neun Tagen, am 3. Oktober, wurde in der El-Wad-Straße in der Jerusalemer Altstadt – wenige Schritte vor der Stahltür des „Österreichischen Hospizes" – ein jüdisches Ehepaar erstochen, das auf seinem Sabbatweg zur Klagemauer war. Es war eine schockierende Nachricht. Ein solches Attentat ist hier seit Menschengedenken nicht mehr geschehen. Viele befürchten deshalb inzwischen schon eine dritte Intifada im Heiligen Land. Der junge palästinensische Täter wurde von israelischen Sicherheitskräften erschossen. Er kam aus El-Bireh bei Ramallah, wo der Tradition zufolge Maria und Josef bemerkten, dass Jesus sie bei ihrer Rückkehr nach Nazaret nicht mehr begleitete. Der Ort ist also da, wo sie umkehrten und sich noch einmal nach Jerusalem aufmachten, um ihren Sohn zu suchen. Wahrscheinlich sind deshalb auch Maria und Josef auf ihrem Rückweg damals in Jerusalem voller Sorge über die El-Wad-Straße zum Tempel gehastet – von dem heute nur noch die Klagemauer übrig geblieben ist. Sie müssen an der Stelle vorbeigeeilt sein, wo seit über 150 Jahren das Pilgerhospiz zur Heiligen Familie steht.

Gewiss waren Jesus, Maria und Josef hier auf vielen Wegen unterwegs und zu Hause. Dieses Motiv greift auch das Altarbild der Hospizkapelle sehr anschaulich auf. Es zeigt die Heilige Familie mit dem zwölfjährigen Jesus auf ihrem Weg von Galiläa hinauf nach Jerusalem. Noch liegt der letzte, beschwerlichste Teil des Anstiegs vor ihnen. Doch die Umrisse der Stadt zeichnen sich bereits deutlich ab und Josef, der Nährvater Jesu, weist ihm den Weg zu den Heiligen Stätten.

So viel zur Topografie des Österreichischen Hospizes in Jerusalem. Es liegt kurz vor dem letzten Ziel aller christlichen Jerusalempilger, dem leeren Grab unseres Herrn und Erlösers. Überall bewegen wir uns hier auf den Spuren des Heilands. Das mächtige Haus an einer Ecke der Via Dolorosa liegt an einem Brennpunkt der Weltgeschichte, der nie zur Ruhe kommen wird. Sein legendäres Flachdach ähnelt einem Dach der Welt. Links lässt sich von da oben die Goldkuppel des Felsendoms fast mit den Händen greifen, die sich seit weit über 1000 Jahren über dem Platz erhebt, an dem vor 2000 Jahren das Allerheiligste des einzigen jüdischen Tempels stand. Das war jener Tempel, den Jesus das „Haus meines Vaters" nannte. Dahinter der Ölberg. Da unten hat Jesus Blut geschwitzt; da oben hat er über Jerusalem geweint. Zur rechten Hand hingegen erheben sich die Kuppeln der Grabes- und Auferstehungsbasilika über dem Golgotahügel aus dem Häusergewirr der Altstadt. Dort wurde unser Herr ans Kreuz geschlagen und kehrte drei Tage später (nur einen Steinwurf weiter) im Heiligen Grab aus dem Reich der Toten für immer ins Land der Lebenden zurück. Links davon, auf dem Zionsberg im Süden, sehen wir die mächtige Rotunde der deutschen Benediktinerabtei Dormitio, wo seine Mutter entschlafen ist. Ein unfassbarer Ort. Es ist eine Herausforderung an alle Sinne, auf dem Dach des Hospizes den Glocken der Stadt, den Rufen der Muezzine, den vielen Sirenen und dem fauchenden Wind Jerusalems zu lauschen, der schon den letzten Schrei Jesu mitgenommen hat.

Gleichzeitig scheint das friedliche Haus wie aus einer anderen Welt, wie von einem anderen Stern, wenn wir hier mit einem einzigen Schritt aus dem orientalischen Basar der El-Wad-Straße in den Ordnungsgeist des Hauses Habsburg eintreten. Mit einem Schritt vom Orient zum Okzident: mitten aus dem Heiligen Land in das Herz Europas. Es gibt nicht viele solcher Orte. Im Österreichischen Hospiz sind wir mitten im Weltgeschehen. Gern hatte ich mich deshalb bereit erklärt, hier zum Fest der Himmelfahrt Christi im letzten Mai der Einsetzung einer Reliquie des seligen Kaisers Karl in der Hauskapelle des Pilgerhauses vorzustehen. Und ich muss gestehen, dass ich mich dabei wie ein Kind an dem Ort erfreut habe. Gern stelle ich deshalb heute hier in Santa Maria dell'Anima auch dieses Buch über das Hospiz vor, das hoffentlich vielen Lesern diese faszinierende Herberge der katholischen Kirche in Jerusalem vorstellt, wo sich unsere Welt mit ihren wesentlichen Spannungen wie in einer Nussschale bewundern und bestaunen lässt.

Bedeutsam scheint mir deshalb heute aber auch, dass dieser Prachtband über das Österreichische Hospiz in Jerusalem nicht nur im Pilgerhaus in Jerusalem selbst und in Wien, sondern an diesem Abend eben auch in Rom und zwar hier im Päpstlichen Institut Santa Maria dell'Anima, vorgestellt wird. Denn hier befinden wir uns ja ebenfalls in einer legendären Enklave des Hauses Habsburg und in einer Art Zeitkapsel des längst vergangenen Heiligen Römischen Reiches inmitten der italienischen Hauptstadt. Beide Häuser, das Hospiz genauso wie die „Anima", verfügen über lange zurückreichende Verbindungen zu Wien. In beiden Häusern spiegelt sich vieles vom Glanz der ehemaligen Metropole der Habsburger und der sprichwörtlich gewordenen „Pietas Austriaca" wider. Die Geschichte der Anima ist zwar Jahrhunderte älter als jene des Österreichischen Hospizes. Doch dafür hat Jerusalem selbst natürlich viel tiefere Wurzeln. Hier lässt sich die Geschichte der Offenbarung im Allgemeinen und des Christentums im Besonderen mit den Händen begreifen und mit den Füßen verstehen. In Jerusalem ist die Kirche entstanden. Nur das Christentum – und keine andere Religion – entstammt dieser Stadt. Diese Geschichte lässt sich hier einatmen. Es ist die Geschichte der Menschwerdung Gottes, die sich vom Hospiz her in wesentlichen Aspekten quasi wie in einem Kaleidoskop entfaltet. In der vierten Kreuzwegstation – gerade gegenüber – finden wir in einem byzantinisch-armenischen Mosaik aus dem 6. Jahrhundert die Darstellung kleiner Frauensandalen neben den Fußspuren Jesu in den Boden eingearbeitet. Hier soll Maria ihrem gemarterten Sohn auf dessen Gang zum Kalvarienberg begegnet sein, er mit der Dornenkrone auf dem Kopf und dem Kreuz auf seiner blutigen Schulter. An einer ergreifenderen Stelle können Pilger deshalb kaum unterkommen, bevor sie sich von hier aus morgens zum Heiligen Grab aufmachen – und zur ersten feierlichen Liturgie der Franziskaner vor dem Grab. Denn in dieser Basilika ist ja jeden Tag Karfreitag und Ostern!

Im Vorwort zitiert Kardinal Schönborn das nachsynodale Schreiben „Ecclesia in Medio Oriente" Papst Benedikts XVI: „In diesem von Gott in besonderer Weise erwählten Land zogen die Patriarchen und Propheten umher. Es diente als Stätte der Inkarnation des Messias, es sah das Kreuz des Heilands aufragen und es war Zeuge der Auferstehung des Erlösers sowie der Ausgießung des Heiligen Geistes. Durchwandert von Aposteln, von Heiligen und vielen Kirchenvätern, war es der Schmelztigel der ersten dogmatischen Formulierungen." Im Apsismosaik der Hospizkapelle begegnen wir einigen dieser Pilger unter dem apokalyptischen Buch mit sieben Siegeln wieder, auf dem das Lamm Gottes ruht. In der Mitte schaut da der Kirchenvater Hieronymus aus Dalmatien auf uns herab, dem wir die erste lateinische Übersetzung der ganzen Bibel verdanken, die er in vielen Jahren in Betlehem neben der Geburtsgrotte erarbeitete – und der schon im 4. Jahrhundert den Satz formulierte, dass es neben den vier Evangelien ein fünftes Evangelium gebe. Das sei das Heilige Land selbst, das die ersten vier Evangelien gleichsam erschließe und erkläre! Es ist eine Erkenntnis, die bis heute nichts von ihrer Aktualität eingebüßt hat.

Doch den heiligen Hieronymus umringen auch noch einige populäre Heilige der habsburgischen Monarchie, vom heiligen Leopold über den heiligen Stephanus, den heiligen Wenzel bis zum heiligen Stanislaus und dem heiligen Florian, deren Versammlung Wolfgang Bandion und Helmut Wohnout in ihrem Beitrag in diesem Buch als ein symbolträchtiges Motiv „für ein auf seiner christlichen Identität geeintes Europa" deuten. Dem kann man nur zustimmen. Denn das Österreichische Hospiz war ja immer auch ein faszinierendes Monument des habsburgischen Vielvölkerstaates vor 1914 und ist es bis heute geblieben. Es war stets ein Haus, das die übernationale katholische Tradition dieses europäischen Imperiums verkörperte. Vor dem Ende des habsburgischen Vielvölkerreiches firmierte es deshalb bewusst als „österreichisch-ungarisches Pilgerhaus zur Heiligen Familie". Es sollte ein Haus sein, wo nicht der nationale Zwist, sondern die Gemeinschaft der Völker der Monarchie unter dem Siegel ihres gemeinsamen Glaubens an den Auferstandenen im Vordergrund stand.

Doch vom Dach des Hospizes können wir mit bloßem Auge im Süden Jerusalems auf den Judäischen Hügeln in der Ferne auch die gewaltige Mauer erkennen, die das Heilige Land heute zerschneidet und durchtrennt. „Alle Mauern fallen, heute, morgen oder in hundert Jahren", wiederholt Papst Franziskus gern. Gleichzeitig sehen wir hier aber auch, wie in jüngster Zeit ganz neue, existenzielle Herausforderungen auf Europa zukommen. Scheinbar überwunden geglaubte Grenzen nehmen wieder Konturen und Gestalt an. Neue Trennlinien, neue Stacheldrahtrollen, ja auch Mauern drohen im neuen Europa zu entstehen, das vor 26 Jahren durch den Fall der Berliner Mauer doch zu sich selbst gefunden hatte, wie es vielen damals schien.

Gerade in dieser Situation wird jeder Pilger im Heiligen Land heute und morgen wieder ganz neu zum Herzen unserer Identität vordringen. „Europa ist auf Pilgerwegen entstanden", hat Goethe erkannt und noch gewusst. Gerade auch deshalb vermag die Wallfahrt nach Jerusalem eine große Hilfe und Stütze zu sein, um sich neu unserer Wurzeln zu vergewissern. Das christliche Abendland ist jahrhundertelang auf dem „himmlischen Jerusalem" der Apokalypse des Johannes entgegengepilgert. Diese letzte Stadt Gottes wurde darüber zum zentralen Leitbild unserer Kultur. Möge dieses Buch ein kleiner Mosaikstein auf dem Weg dieser Erinnerung sein und Gläubigen im deutschen Sprachraum einen Anstoß geben, sich auf den Weg zum materiellen Ursprung unseres Glaubens zu machen!

Denn gerade in Zeiten der Krise braucht es ja mehr Pilger denn je nach Jerusalem. Was hier geschieht, geht die Christenheit unmittelbar an. Immer mehr Christen verlassen das Land, deren Vorfahren hier schon seit rund 2000 Jahren gelebt haben. Das Gegenteil müsste stattfinden, um dem Heiligen

Land zu helfen. Pilger gehen nicht weg, Pilger kommen. Denn Pilger haben keine Angst und brauchen keine Angst zu haben – erst recht nicht im Österreichischen Hospiz. Pilger sind keine Touristen. Pilger sind immer unterwegs zu Gott. Pilger sind deshalb immer auch Brückenbauer. Das Heilige Land und Europa – und die ganze Welt – hat sie nötiger als je zuvor.

Hier komme ich zum Schluss. Als Präfekt des päpstlichen Hauses kann und darf ich natürlich keine Werbung für eine Herberge machen, egal, wie sehr sie mich fasziniert hat. Darum kann es heute Abend auch gar nicht gehen. Denn ausdrücklich werben möchte ich hier und jetzt vor allem für eine Neubesinnung auf eine der ehrwürdigsten Traditionen des Abendlands. Werben möchte ich für das Pilgerwesen zum Heiligen Land mit seinem bestürzenden Angebot an Orten und Stätten, die sich wie ein einziges Mosaik zur Fleischwerdung Gottes lesen lassen. Jeder Kirchturm Europas weist hierhin. Kommen Sie also und kommen Sie am besten in Scharen. Oder, um mit den Worten des Evangelisten Johannes zu sprechen: „Kommt und seht!"

GOTT ODER NICHTS

20. November 2015:

Vorstellung des gleichnamigen Buches von Robert Kardinal
Sarah in Santa Maria dell'Anima in Rom

Lieber Herr Kardinal Sarah, als ich im Sommer die Druck-fahnen Ihres Buchs „Gott oder nichts" las, erinnerte mich Ihr Freimut mehrmals an die Kühnheit, mit der Papst Gelasius I. im Jahr 494 in Rom einen Brief an Kaiser Anastasios I. in Konstantinopel schrieb. Als dann später endlich ein geeigne-tes Datum für die Vorstellung dieses Buches hier in der Anima gefunden wurde, entdeckte ich, dass ausgerechnet heute, an diesem 20. November, die Kirche eben jenes Papstes gedenkt. Heute ist das Patrozinium von Papst Gelasius aus Nordafrika. Gestatten Sie, dass ich deshalb zunächst mit wenigen Worten auf dessen Brief aus dem Jahr 494 eingehe.

Achtzehn Jahre vorher, im Jahr 476, hatten germanische Stämme die alte Hauptstadt überrannt. Die Völkerwanderung hatte begonnen, in der das weströmische Reich unterging. Von dem einst so mächtigen Imperium war nur die ohnmächtige römische Kirche übrig geblieben.

In dieser Situation schrieb Papst Gelasius dem oströmi-schen Kaiser in Byzanz Folgendes: Zur Leitung der Welt gebe es nicht nur *eine* Macht, sondern deren zwei. Das wüssten wir, seit der Herr seinen Aposteln nach dem letzten Abendmahl

(Lukas 22,38) die geheimnisvolle Auskunft gegeben hat, „*zwei Schwerter*", die sie ihm gerade gereicht hatten, seien „genug". Diese beiden Schwerter aber müssten sich seiner Auffassung zufolge der Kaiser und der Papst in der Zeit der Geschichte teilen. Mit anderen Worten: Mit diesem Brief stellte Papst Gelasius I. die geistliche Gewalt mit der weltlichen Gewalt auf eine Ebene. Es sollte keine Allmacht mehr geben. Papst und Kaiser seien – zum Wohl aller Menschen – von Gott her als Partner gedacht.

Es war ein Paradigmenwechsel. Doch damit nicht genug. Denn Gelasius fügte noch an, dass der Kaiser in Konstantinopel nach göttlichem Recht ihm, dem Nachfolger Petri in Rom, doch ein wenig untergeordnet sei. Denn müssten selbst die obersten Herrscher nicht aus der Hand eines jeden Priesters demütig die Sakramente empfangen? Wie viel mehr sei der Kaiser dann aber ihm als Papst gegenüber zur Demut verpflichtet, dessen Stuhl doch jeden anderen Bischofssitz überrage?

Der Anspruch war ungeheuerlich. So wundert nicht, dass der byzantinische Kaiser damals kaum ein Achselzucken dafür übrig hatte.

Doch die „Zwei-Schwerter-Lehre", wie der Anspruch nach diesem Brief benannt wurde, beschrieb danach etwa 600 Jahre lang das Verhältnis zwischen Staat und Kirche. Seine indirekten Auswirkungen dauerten unendlich viel länger. Die allmähliche Entstehung der westlichen Demokratien ist undenkbar ohne diesen Anspruch. Denn hier wurde nicht nur der Grundstein für die Souveränität der Kirche gelegt, sondern auch die jeder legitimen Opposition.

In diesem Spannungsfeld ist Europa von da an jedenfalls gewachsen und schmerzhaft gereift. Die Geschichte der katholischen Kirche als zivilisatorischer Kraft ist undenkbar ohne die Spur, die Gelasius I. legte, als er dem Allmachtstreben Kaiser

Anastasios' I. damals entgegentrat. Auch die spätere Trennung von Kirche und Staat und das System der „Balance of Power" nahm mit diesem Brief seinen Anfang, als der ohnmächtige Papst dem mächtigsten Herrscher des Erdkreises plötzlich unerschrocken das Recht absprach, auch über die Seelen seiner Untertanen herrschen zu wollen. Es war die Zeit der Wirren und der Völkerwanderung, in der die römische Kirche zur entscheidenden Ordnungsmacht des Westens wurde.

All dies ist heute – wo urplötzlich wieder eine Völkerwanderung aus dem Osten gegen die Grenzen Europas flutet – natürlich auch dem höchst geschichtsbewussten Kardinal Sarah bewusst, der selbst wie Gelasius aus Afrika stammt, dem derzeit vitalsten und dynamischsten Teil der universalen Weltkirche. Wahrscheinlich sind ihm darum auch die wegweisenden „afrikanischen" Synoden von Karthago vom 3. bis zum 5. Jahrhundert ebenso gegenwärtig wie alle späteren Konzilien bis zum II. Vatikanum. Ganz gewiss sieht er so klar wie nur wenige, dass viele Staaten heute wieder mit aller Gewalt auch jene „geistliche Macht" beanspruchen, die ihnen die Kirche einmal in einem langen Prozess – zum Wohl der ganzen Gesellschaft – entwunden hat.

Denn wenn die Staaten des Westens heute nach der Regie global agierender Pressure-Groups reihenweise das Naturrecht ausheben und selbst über die Natur des Menschen befinden wollen (wie in den höchst ideologischen Programmen des Gender-Mainstreaming), dann ist dies mehr als nur ein fataler Rückfall in die Herrschaft der Willkür. Es ist vor allem eine neue Unterwerfung vor jener totalitären Versuchung, die unsere Geschichte immer wie ein Schatten begleitet hat.

Jede Generation kennt diese Versuchung, auch wenn sie in jeder Epoche in neuer Gestalt und Sprache auftritt – wo Kardinal Sarah heute aber souverän und mit Nachdruck darauf besteht, dass die Kirche nicht aufgehen darf im Zeitgeist, auch wenn dieser Geist sich als Wissenschaft verkleidet und tarnt, wie wir es schon vom Rassismus und Marxismus kennen.

Es darf auch nie wieder die Allmacht irgendeiner Institution geben. Weder dem Staat noch dem Zeitgeist steht diese Allmacht zu – und natürlich auch der Kirche nicht. Dem Kaiser, was des Kaisers ist. Unbedingt. Doch Gott, was Gottes ist! Auf dieser Unterscheidung besteht Kardinal Sarah heute einsam, freimütig und furchtlos.

Der Staat darf keine Religion werden, wie es uns gerade bei dem sogenannten Islamischen Staat mit Entsetzen gewahr wird. Der Staat darf dem Volk aber auch nicht den Säkularismus als eine angeblich neutrale Weltanschauung verordnen, die nichts anderes ist als eine neue Pseudoreligion, die nach den totalitären Ideologien des letzten Jahrhunderts wieder einmal antritt, um das Christentum (und jede andere Religion) als überholt und unnütz zu denunzieren und abzulösen.

Darum ist dieses Buch Kardinal Sarahs radikal. Nicht in dem Sinne, in dem wir das Wort heute meist benutzen, sondern im Sinne des Wortursprungs. Das lateinische *Radix* heißt „Wurzel" im Deutschen. In diesem Sinn ist das Buch radikal. Denn dorthin, zu den Wurzeln unseres Glaubens, führt uns dieses Buch wieder zurück. Es ist die Radikalität des Evangeliums, die dieses Buch inspiriert. Der Autor ist „überzeugt, dass eine der wichtigsten Aufgaben der Kirche darin besteht, das Abendland das strahlende Antlitz Jesu wiederentdecken zu lassen".

Er hat also keine Scheu, neu über die Menschwerdung Gottes und über die Radikalität dieser frohen Botschaft zu sprechen, der er eine schonungslose Zeitanalyse gegenüberstellt. Er öffnet uns die Augen dafür, dass es sich bei den neuen Formen der Gottesgleichgültigkeit nicht einfach um gedankliche Irrwege handelt, die man auf sich beruhen lassen könnte. Er erkennt in der moralischen Umgestaltung unserer Gesellschaften eine existenzielle Bedrohung der menschlichen Zivilisation schlechthin.

Dass in dieser prekären Lage der Auftrag, das Evangelium lebendig neu zu verkünden, an Dringlichkeit gewinnt, steht außer Frage. In dieser Stunde steht er prophetisch auf. Er weiß: Das Evangelium, das einmal Kulturen umgeformt hat, ist nun in Gefahr, durch sogenannte „Lebenswirklichkeiten" umgeformt zu werden. Zweitausend Jahre lang hat die Kirche die Welt mit der Kraft des Evangeliums kultiviert. Umgekehrt wird es nicht funktionieren. Die Offenbarung darf nicht der Welt angepasst werden. Die Welt will Gott verschlingen. Gott aber will uns und die Welt gewinnen.

In diesem Ringen ist dieses Buch darum kein flüchtiger Beitrag zu einer bestimmten Debatte. Es ist auch keine Erwiderung auf konkrete Standpunkte anderer. Damit würde man der Tiefe und der Strahlkraft dieses Glaubenszeugnisses nicht gerecht. Kardinal Sarah geht es nicht um einzelne Konfliktfragen, sondern um das Ganze des Glaubens. Er beweist, wie aus dem richtig verstandenen Ganzen auch das Einzelne zu verstehen ist – und wie, umgekehrt, mit jedem theologischen Versuch, Teilfragen zu isolieren, das Ganze beschädigt und geschwächt wird.

Dennoch ist dieses Buch weder ein Manifest noch eine Kampfschrift geworden. Es ist ein Reiseführer zu Gott, der in Jesus Christus sein menschliches Gesicht gezeigt hat. Es ist ein Vademecum für das beginnende Heilige Jahr.

Am 20. November 2016 – heute in einem Jahr – wird dieses Heilige Jahr schon zu Ende gehen, das dem „Antlitz der Barmherzigkeit" gewidmet ist. Bis dahin können wir aus diesem Buch höchst wertvolle Lektionen über das Wesen der Barmherzigkeit gewinnen. Denn „Barmherzigkeit und Strenge der Lehre können nur vereint existieren", schrieb Reginald Garrigou-Lagrange schon im Jahr 1923. Und weiter: „Die Kirche ist bei ihren Prinzipien intolerant, weil sie glaubt, und sie ist in der Praxis tolerant, weil sie liebt. Die Feinde der Kirche sind in den Prinzipien tolerant, weil sie nicht glauben, und sie sind intolerant in der Praxis, weil sie nicht lieben."

Kardinal Sarah ist ein Liebender. Und er ist ein Mensch, der uns hier zeigt, in welches Kunstwerk Gott uns verwandeln will, wenn wir uns seinen Künstlerhänden nicht widersetzen. Sein Buch ist ein Christusbuch. Es ist ein Bekenntnis. Seinen Titel müssen wir uns als einen beglückten Seufzer vorstellen: Gott oder nichts!

ERHEBT EURE HÄUPTER

26. November 2015:
Predigt in der Pfarrkirche Herz Jesu, Berlin

Wohl jedes Kind hat das schon einmal beobachtet: Wenn man einer Schnecke gegen ihre Fühler stupst, dann zieht sie die blitzschnell ein. Meistens zieht sie dann auch noch ihren Kopf zurück und verkriecht sich ganz in ihr Schneckenhaus. Die blinde Schnecke meint nämlich, dass ihr da etwas Gefährliches begegnet, und aus Angst vor dieser Gefahr zieht sie sich in sich selbst zurück.

Ebenso machen es viele Menschen: Wenn sie Gefahr wittern und Angst bekommen, ziehen sie ihre Köpfe ein und verkriechen sich in sich selbst.

Nur sind wir Menschen aber keine Schnecken.

Was der Schöpfer der Schnecke als hilfreichen Instinkt auf den Lebensweg mitgegeben hat, das gilt nicht für uns Menschen. Darum ruft Jesus uns zu: „Richtet euch auf und erhebt eure Häupter!" Es ist, als wollte er uns damit sagen: Zieht nicht gleich eure Köpfe ein, wenn es ungemütlich wird! Lasst euch nicht von eurer Angst unterkriegen! Seht auf, erhebt eure Häupter, seht nach vorn, blickt eurer Zukunft furchtlos ins Auge! Denn am Ende eurer Zukunft warten nicht Untergang und Verderben auf euch, sondern ICH warte auf euch, ich komme auf euch zu, euer Erlöser!

Am Ende des Kirchenjahres begleiten uns alle Jahre die apokalyptischen Texte des Neuen Testaments. Wir werden so in der dunkleren Jahreszeit eindringlich an die notwendige Wachsamkeit im Glauben und das Jüngste Gericht erinnert, das mit der Wiederkunft des Herrn seinen Anfang nehmen wird. Und genau diese seine Wiederkunft und das, was ihr vorausgeht, beschreibt Jesus im heutigen Evangelium: „Dann wird man den Menschensohn mit großer Macht und Herrlichkeit auf einer Wolke kommen sehen" (Lk 21,27). Wiederkunft und damit „Rückkehr" heißt dieses Ereignis, weil es bei der Himmelfahrt Jesu 40 Tage nach seiner Auferstehung von den zwei Engeln so beschrieben und angekündigt worden ist: „Ihr Männer von Galiläa, was steht ihr da und schaut zum Himmel empor? Dieser Jesus, der von euch ging und in den Himmel aufgenommen wurde, wird ebenso wiederkommen, wie ihr ihn habt zum Himmel hingehen sehen" (Apg 1,11).

„Richtet euch auf und erhebt eure Häupter, denn eure Erlösung ist nahe!"

Der Herr hat das in einer langen Predigt gesagt, wo es um die Endzeit geht, also um die letzte Zeit vor dem Jüngsten Tag. Er hat schreckliche Dinge vorausgesagt, die da passieren werden: ungewöhnliche Erscheinungen am Himmel, Sturmwellen auf dem Meer, Kriege, Erdbeben und Hungersnöte. Alles, was vorher Halt gab und stabil war in der Welt, das soll dann ins Wanken kommen. Und er hat vorausgesagt, dass sich große Furcht unter den Menschen ausbreiten wird; sie werden angesichts solcher gewaltigen Ereignisse verzagen und ganz verstört sein. Die seuchenartig um sich greifende Angst ist ein Zeichen der Endzeit.

„Auf Erden werden die Völker bestürzt und ratlos sein", haben wir aus dem Mund des Herrn gehört. Das erleben wir jetzt unter uns: Zwar leben wir nicht im Krieg, zwar brauchen wir keine Hungersnot zu fürchten, zwar befinden wir uns nicht in einem erdbebengefährdeten Gebiet und doch greift überall die Angst um sich. Die Angst um den Arbeitsplatz, um die Sicherheit, um die Gesundheit. Die Angst vor Unfällen, vor Terroranschlägen, die Angst vor gewissenlosen Zeitgenossen, deren Entscheidungen unschuldige Menschen ausbaden müssen.

Dass die Weltzeit gegen Abend hin von angstmachenden Ereignissen und Zuständen geprägt sein wird und dass die Menschen dann auch wirklich immer mehr Angst haben werden, das sagt der Herr ganz unmissverständlich, daran gibt es nichts zu deuteln. Er hat damit eigentlich nichts Neues gesagt, denn auch die Propheten des Alten Testaments haben das schon angekündigt. Einige der Worte, die Jesus gebraucht hat, sind sogar wörtliche Zitate der Propheten. Und auch dies war nichts Neues: All die schrecklichen Endzeitereignisse werden sich zuspitzen auf den einen großen Tag des Herrn, der auf Gottes Gericht über alle Menschen hinausläuft. Dass Gottes Erlöser an diesem Tag sichtbar wiederkommen wird, hat bereits der Prophet Daniel vorausgesagt und Christus hat es in seiner Predigt fast wörtlich wiederholt: „Alsdann wird man den Menschensohn mit großer Kraft und Herrlichkeit auf einer Wolke kommen sehen." Unmittelbar nach diesem Zitat fordert Jesus uns auf: „Wenn all das beginnt, dann richtet euch auf und erhebt eure Häupter, denn eure Erlösung ist nahe."

Wenn das beginnt, sagt der Herr, also dann bereits, wenn die beängstigenden Vorboten da sind, ehe der Jüngste Tag anbricht. Mit anderen Worten: Jetzt, heute, wo uns bereits so viele Vorboten des Jüngsten Tages Angst machen. Jetzt, heute: Macht es nicht wie die Schnecke, zieht nicht ängstlich eure Köpfe ein, verkriecht euch nicht in euch selbst! Denn ihr wisst, dass alles so kommen muss, Gott hat die Endzeit der Welt so vorherbestimmt. Nein: Richtet euch auf und erhebt eure Häupter, denn eure Erlösung ist nahe.

Es ist in der Tat so: Wenn uns viele Dinge um uns herum Angst machen, dann ist das ein Zeichen dafür, dass der Herr bald wiederkommt. Wenn es dann so weit ist, wird das zwar auch unter schrecklichen Umständen geschehen. Alle, die ihn verleugnen, die ihn nicht kennen wollen, werden vergehen vor Angst, weil sie merken: Hilfe, Jesus gibt es ja wirklich! Aber wir kennen ihn ja, wir wissen, dass er unser Heiland ist, der uns durch seinen Kreuzestod erlöst hat. Wir wissen, dass er uns nicht im Stich lassen wird im Gericht, weil er selbst für unsere Sünden und unser Versagen geradegestanden hat.

Ja wir dürfen uns auf den Jüngsten Tag freuen, weil an ihm unser Erlöser kommt. Und mit ihm kommt die endgültige Erlösung, die Vollendung, der Einzug ins Himmlische Jerusalem. Wer wollte vor dieser herrlichen Zukunft den Kopf einziehen? Darum macht es nicht wie die Schnecke.

„Richtet euch auf und erhebt eure Häupter, denn eure Erlösung ist nahe."

Mit diesem letzten Satz des heutigen Evangeliums ist die Haltung des gläubigen Christen zusammengefasst, der seine Existenz ganz in die Nachfolge Jesu gestellt hat, wie er angesichts dieser extremen Ereignisse von Krieg und Terror und Naturkatastrophen reagieren kann. Wenn „die Menschen … vor Angst vergehen in der Erwartung der Dinge, die über die Erde kommen, denn die Kräfte des Himmels werden erschüttert werden", wird der Christ in gläubigem Vertrauen sich aufrichten und sein Haupt erheben können, weil er daran erkennt, dass seine endgültige Erlösung nahe ist. Diese innere Ruhe angesichts der drohenden Zerstörung und Vernichtung wird aber zur Voraussetzung haben, genügend Öl für die Flamme der Liebe zu Gott und zum Nächsten im eigenen Herzen auf Vorrat zu haben und nicht mehr an irgendwelchen irdischen Bindungen zu hängen, die die Ängste in den Herzen der Menschen verursachen.

Also: Aufgeschaut und das Haupt erhoben!

Aufgeschaut zum Herrn Jesus Christus, der zur Rechten des Vaters sitzt; nichts entgleitet seiner Hand.

Aufgeschaut zu unserem Erlöser, der wiederkommen wird, um sein Erlösungswerk an uns zu vollenden!

Das Haupt erhoben! Trotz der Angst, trotz der unsicheren Zeiten und aller Schrecknisse der Welt.

Verkriechen wir uns nicht in unsere Arbeit, in unsere Sorgen, in unsere Hobbies, in unsere Vorurteile! Stellen wir uns der Welt, in die Gott uns hineingestellt hat! Widerstehen wir der Versuchung, uns aus Angst in unsere Schneckenhäuser zu verkriechen! Macht es nicht wie die Schnecke! Setzt alles auf die Worte des Herrn: „Richtet euch auf und erhebt eure Häupter, denn eure Erlösung ist nahe." Amen.

DAS GESICHT DER LIEBE

17. Januar 2016:

Predigt zum Sonntag Omnis Terra in
Santo Spirito in Sassia in Rom

„Omnis terra" heißt dieser Sonntag nach den Worten des 65.
Psalms am Beginn dieser heiligen Messe: „Omnis terra ad-
oret te, Deus, et psallat tibi!" Auf deutsch: „Die ganze Erde
bete Dich an, o Gott, und singe Dir Loblieder!" So hieß dieser
Sonntag auch schon vor 800 Jahren. Und auch damals schon
wurde wie heute in allen katholischen Kirchen das Evangelium von der Hochzeit von Kana verlesen. Seitdem sind Welt-
reiche untergegangen und wie Herbstlaub verweht. 92 Päpste
hat die Kirche danach gesehen. Gewaltige Revolutionen und
Kriege haben Europa erschüttert, fatale Spaltungen die Christenheit zerrissen. Da scheint die Ruhe fast ein Wunder, mit der
wir in der Liturgie dieses Sonntags heute immer noch wie damals singen: Jubelt Gott, alle Lande!

In diesem Jubel erinnern wir heute aber auch noch daran,
dass Papst Innozenz III. vor 808 Jahren hier erstmals das heilige Schweißtuch Christi von Sankt Peter nach Santo Spirito
tragen ließ. Es war der heilige Schleier, der uns das „menschliche Gesicht Gottes" zeigt, von dem Papst Benedikt XVI. nicht
müde wurde zu sprechen – oder das „lebendige Gesicht vom
Erbarmen des Vaters", dem Papst Franziskus nun dieses Jubel-

jahr gewidmet hat. Und gleich damals schon, im Januar des Jahres 1208, wurde dieses göttliche Gesicht hier in dieser Kirche mit dem tätigen Erbarmen der Menschen verknüpft, die der heilige Johannes Paul II. 1994 dem „göttlichen Erbarmen" geweiht hat, in Verehrung der heiligen Faustyna Kowalska, deren Reliquien wir hier verehren. Der Papst aus Polen war auch ein Seher, wie wir heute hier noch einmal mehr erfahren.

Vor 808 Jahren nämlich, bei dieser allerersten Prozession, ließ Papst Innozenz III. das heilige Bild eben nicht zu den Adligen Roms hintragen, sondern zu den kranken Pilgern und den Armen der Stadt, deren wichtigstes Haus schon damals dieses Ospedale Santo Spirito war. Und er verfügte, dass der päpstliche Almosenverwalter an jeden der 300 Kranken und an 1000 eingeladene Arme aus der ganzen Stadt, die der Zeremonie beiwohnten, aus dem Schatz der Opfergaben für Sankt Peter je drei Denare aushändigen sollte: einen für Brot, einen für Wein und einen für Fleisch. Auch knüpfte er große Ablässe an den Besuch des „Wahren Bildes" und an diese Prozession. Es war praktisch eine Vorwegnahme der Heiligen Jahre, die erst später, unter Papst Bonifaz VIII im Jahr 1300, in Rom eingeführt wurden. All dies begann damals hier!

Danach haben diese Prozessionen und Ausstellungen des Schleierbildes bis zum Beginn der Neuzeit nicht mehr aufgehört. Bald waren die Pilger kaum noch zu zählen, die das Gesicht Gottes in Rom betrachten wollten. Dante hat später bei diesen Prozessionen das heilige Gesicht kennengelernt. Es ist das Antlitz, vor dem er die „kosmische Reise" seiner Göttlichen Komödie enden lässt, wie Papst Benedikt XVI. vor 10 Jahren sagte, als er seine Enzyklika „Gott ist die Liebe" vorstellte. Es war das Gesicht der Liebe, die „die Sonne bewegt und die anderen Sterne", wie er in der berühmtesten Zeile der italienischen Literatur festhielt: „l'amor che move il sole e l'altre stelle".

Es ist die Liebe Gottes, der sich „wie ein Bräutigam über seine Braut" auf uns freut, wie wir eben in den Worten Jesajas gehört haben, und die Kraft des Heiligen Geistes, über dessen verschiedene Gnadengaben uns der heilige Paulus vorhin in dieser Kirche zum Heiligen Geist wieder aufgeklärt hat. Nirgends aber spricht dieser Geist deutlicher und klarer als in dem schweigenden Antlitz Christi, vor dem wir uns heute hier versammelt haben.

Denn „das ist die Berufung und die Freude eines jeden Getauften: den anderen Jesus zeigen und bringen", haben wir von Papst Franziskus am 3. Januar gehört. Das aber ist genau das, dessen Zeugen wir heute werden dürfen, wenn uns die tapferen Kapuziner aus Manoppello hier „Jesus zeigen und bringen", in dessen Gesicht Gott selbst uns sein Antlitz zeigt.

Danach möchte ich zu dem Evangelium von der Hochzeit zu Kana, zu dem schon so viel Lehrreiches gesagt wurde, hier nur noch eines hinzufügen. Denn wen will heute noch wundern, dass Jesus sein erstes öffentliches Wunder ausgerechnet der Ehe und Familie widmete, die heute so sehr in Gefahr sind, dass Papst Franziskus ihnen gerade zwei eigene Synoden widmete! Vielmehr sollten wir ab jetzt dieses erste Wunder – noch in der weihnachtlichen Festzeit – wohl am besten als eine notwendige Erweiterung vom Geheimnis der Menschwerdung Gottes begreifen! Dass wir nämlich erst in einer Familie zum Menschen werden!

Mit einer Mutter und einem Vater und – wenn wir Glück haben – noch mit Brüdern und Schwestern. Deshalb haben christliche Künstler auch immer wieder das Gesicht Jesu dem Gesicht seiner Mutter nachgestaltet und umgekehrt. Denn wenn Gott der Vater Jesu ist, muss und kann sein Gesicht ja nur ihrem Gesicht gleichen. Es ist aber dieses uralte Gesicht, das heute auf fast schon wunderbare Weise nach Santo Spirito in Sassia zurückgekehrt ist, wo es nahezu identisch scheint mit dem Gesicht der Göttlichen Barmherzigkeit, das hier seit mehr als zwei Jahrzehnten verehrt wird.

Es ist eine Kopie jenes alten Originals, das Papst Innozenz III. den Pilgern gezeigt hat und das seit über 400 Jahren in den Abruzzen an der Adria verwahrt wird, an Italiens Peripherie, von wo es heute erstmals wieder an den Ort zurückgetragen wurde, wo der Kult seiner öffentlichen Verehrung den Anfang nahm. Unzählige Kopien haben von hier aus die Kenntnis der Christen von einem wahren Bild Gottes in die ganze Welt getragen. Und darin liegt wohl der tiefste Sinn dieser Stunde. Vor Rom wurde das heilige Schweißtuch in Konstantinopel aufbewahrt, davor in Edessa, davor in Jerusalem. Dieses Gesicht darf eben nicht der Schatz von Einzelnen sein, nicht einmal von Päpsten. Es ist das Alleinstellungsmerkmal der Christen. Nur wir wissen, wie Gott aussieht – und wie und wer er ist. Das Gesicht Christi ist darum der vornehmste und kostbarste Schatz der ganzen Christenheit und mehr noch der ganzen Erde. Omnis Terra! Zu diesem Gesicht werden wir uns immer aufmachen müssen. Immer als Pilger. Immer zur Peripherie. Und immer mit nur einem einzigen Ziel vor Augen: jene Stunde, in der wir von Angesicht zu Angesicht vor ihm stehen werden. Amen.

DAS ERNEUERTE PAPSTAMT

20. Mai 2016:

Vorstellung des Buches Oltre la crisi della Chiesa
(„Jenseits der Krise der Kirche") von Robert Regoli über
das Pontifikat von Papst Benedikt XVI. in der
Universität Gregoriana in Rom.

In einem der letzten Gespräche, die der Papstbiograf Peter Seewald aus München mit Benedikt XVI. führen konnte, hat er ihn zum Abschied gefragt: „Sind Sie nun das Ende eines Alten oder der Beginn eines Neuen?" Die Antwort des Papstes war kurz und bestimmt: „Beides." – Der Recorder war wohl schon ausgeschaltet. Darum taucht dieser letzte Dialog in keinem Buch Peter Seewalds auf, auch nicht in dem berühmten „Licht der Welt", sondern nur in einem Interview mit dem Corriere della Sera, bei dem der Biograf sich nach der Verzichtserklärung Benedikts XVI. an diese Schlüsselworte erinnerte, die jetzt gewissermaßen als Motto über dem Werk Roberto Regolis stehen.

Und knapper lässt sich das Pontifikat von Benedikt XVI. vielleicht kaum fassen, muss ich gestehen, der diesen Papst ja in all diesen Jahren aus nächster Nähe als einen klassischen „homo historicus" erleben durfte, als einen Abendländer schlechthin, der den Reichtum der katholischen Tradition des Westens verkörperte wie kein Mensch sonst, der mir in den Sinn kommt – und der doch gleichzeitig so überaus kühn das Tor für einen neuen Abschnitt jener Zeitenwende geöffnet hat, wie es sich vor 5 Jahren noch kaum einer vorstellen konnte. Seitdem leben wir in einer historischen Epoche, die in der 2000-jährigen Kirchengeschichte ohne Beispiel ist. Wie seit den Tagen des Petrus kennt die eine, heilige, katholische und apostolische Kirche zwar auch heute immer noch nur einen einzigen rechtmäßigen Papst. Doch heute leben wir seit drei Jahren mit zwei lebenden Nachfolgern Petri unter uns – beide konkurrenzlos untereinander, doch beide mit einer außerordentlichen Präsenz! Hinzufügen dürfen wir noch, dass der Geist Joseph Ratzingers davor ja auch schon das lange Pontifikat des heiligen Johannes Paul II. entscheidend geprägt hat, dem er für fast ein Vierteljahrhundert treu als Präfekt der Kongregation für die Glaubenslehre diente. Viele empfinden diese neue Situation heute immer noch als eine Art göttlichen Ausnahmezustand.

Doch ist es jetzt schon Zeit für eine Bilanz des Pontifikats von Benedikt XVI.? Päpste im Allgemeinen können wohl nur im Nachhinein der Kirchengeschichte sinnvoll bewertet und eingeordnet werden. Als Beispiel dafür führt Roberto Regoli selbst an einer Stelle Gregor VII. an, den großen Reformpapst des Mittelalters, der am Ende seines Lebens im Exil in Salerno starb – gescheitert nach dem Urteil vieler Zeitgenossen. Doch gerade er – Gregor VII. – war es, der das Gesicht der Kirche in den Streitfragen seiner Zeit für Generationen, die nach ihm kamen, entscheidend geprägt hat. Umso wagemutiger erscheint deshalb heute Professor Regoli bei seinem Versuch, eine Einschätzung des Pontifikats Benedikts XVI. schon zu dessen Lebzeiten vorzunehmen.

Die Menge des kritischen Materials, die er dafür gesichtet und ausgewertet hat, ist überwältigend und einschüchternd.

Denn ungeheuer präsent ist und bleibt Benedikt ja auch in seinem eigenen Schrifttum, sei es als Papst, der drei Bücher zu Jesus Christus und 16 (!) dicke Bände von „Insegnamenti" allein in seinem Pontifikat hinterlassen hat, oder sei es als Kardinal oder Professor Ratzinger, dessen Werke eine kleine Bibliothek füllen könnten. So mangelt es auch nicht an Fußnoten in diesem Werk Roberto Regolis und noch weniger an Erinnerungen, die er in mir wachruft. Denn ich war ja dabei, als Benedikt XVI. am Ende seiner Amtszeit seinen Fischerring ablegte, wie es nach dem Tod eines Papstes üblich ist, obwohl er in diesem Fall selbst noch lebte! Ich war dabei, als er entschied, seinen Namen hingegen nicht mehr zurückzugeben. Er ist nicht mehr zu Joseph Ratzinger geworden, wie Papst Coelestin V., der am 13. Dezember 1294 nach wenigen Monaten im Amt wieder zu Pietro di Morrone wurde.

Seit dem 11. Februar 2013 ist das Papstamt deshalb nicht mehr, was es vorher war. Fundament der katholischen Kirche wird es bleiben. Doch diesen Grund hat Benedikt XVI. nachhaltig verändert in seinem Ausnahmepontifikat, von dem der nüchterne Kardinal Sodano gleich nach der überraschenden Rücktrittserklärung in einer ersten Reaktion überaus bewegt und fast fassungslos ausrief, die Nachricht habe „wie ein Blitz aus heiterem Himmel" unter den versammelten Kardinälen eingeschlagen. Das war am Morgen jenes Tages, an dessen Abend tatsächlich ein kilometerlanger Blitz mit unglaublichem Getöse in die Spitze der Kuppel des Petersdoms über dem Grab des Apostelfürsten einschlug. Dramatischer ist wohl selten eine Zeitenwende aus dem Kosmos begleitet worden. Doch am Morgen dieses 11. Februar beendete Kardinaldekan Angelo Sodano seine Antwort auf die Erklärung Benedikts XVI. auch schon mit einer ersten und ähnlich kosmischen Einschätzung von dessen Pontifikat, als er am Ende sagte: „Gewiss, die Sterne des Himmels werden immer weiter-funkeln und so wird auch immer der Stern Ihres Pontifikats unter uns leuchten."

Ähnlich leuchtend und erhellend ist die wohlrecherchierte Darstellung Don Regolis der verschiedenen Phasen des Pon-tifikats. Vor allem von dessen Anfang im Konklave vom April 2005, aus dem Joseph Ratzinger nach einer der kürzesten Wahlen der Kirchengeschichte nach nur vier Wahlgängen als Papst hervorging – und zwar nach dem dramatischen Ringen einer sogenannten „Salz-der-Erde-Partei" (Salt of Earth Party) um die Kardinäle López Trujíllo, Ruini, Herranz, Rouco Varela oder Medina und der sogenannten „Sankt Gallen-Gruppe", um die Kardinäle Danneels, Martini, Silvestrini oder Murphy-O'Connor, die Kardinal Danneels von Brüssel erst kürzlich noch amüsiert „als eine Art Mafia-Club" bezeichnet hat. Die Wahl folgte freilich auch einem Ringen, dem der Kardinalde-kan Ratzinger seine historische Predigt vom 18. April 2005 in Sankt Peter quasi als Notenschlüssel vorangesetzt hatte, wo er „der Diktatur des Relativismus, die nichts als definitiv erach-tet und als letztes Maß nur das eigene Ich und seinen Willen gelten lässt, als anderes Maß wahrer Menschlichkeit den Sohn Gottes und wahren Menschen" entgegensetzte. Dieser Teil der klugen Analyse Roberto Regolis liest sich teilweise heute schon wie ein spannender Krimi aus gar nicht so fernen Tagen – während sich die „Diktatur des Relativismus" heute längst überwältigend auf vielen Kanälen der neuen Medien manifes-tiert, an die im Jahr 2005 noch kaum zu denken war.

Schon der Name, den sich der neue Papst unmittelbar nach seiner Wahl gab, war danach ein Programm. Joseph Ratzinger wurde nicht zu Johannes Paul III., wie es sich viele vielleicht gewünscht hätten. Sondern er knüpfte an Benedikt XV. an, den glück- und erfolglosen großen Friedenspapst aus den Schreckensjahren des Ersten Weltkriegs – und an den heiligen Benedikt von Nursia, den Mönchsvater und Vater Europas. Für die Jahre davor könnte ich als Kronzeuge dafür auftreten, dass sich Kardinal Ratzinger niemals nach dem höchsten Amt der katholischen Kirche gedrängt hatte, sondern schon lebhaft von einem Lebensabend träumte, wo er beschaulich noch einige letzte Bücher schreiben wollte. Alle Welt weiß, dass es anders kam. Bei der Wahl wurde ich dann in der Sixtinischen Kapelle Zeuge, wie er die Wahl als einen „wahren Schock" und „Schrecken" erlebte oder wie ihm „schwindlig" wurde, als er „die Guillotine" der Entscheidung auf sich herabstürzen sah, womit ich kein Geheimnis verrate, seit Benedikt XVI. dies selbst schon bei seiner ersten Audienz vor deutschen Pilgern öffentlich gemacht hat. So verwundert nicht, dass er auch der erste Papst war, der gleich nach seiner Wahl um das Gebet der Gläubigen für ihn bat, woran wir in diesem Buch noch einmal erinnert werden.

Faszinierend und berührend ist, wie Regoli die verschiedenen Amtsjahre skizziert und dabei noch einmal die Souveränität der Amtsführung wachruft, mit der Benedikt XVI. gleich zu Anfang schon seinen erbitterten alten Widersacher Hans Küng ebenso zum Gespräch nach Castel Gandolfo einlud wie Oriana Fallaci, die agnostische und kämpferische jüdische Grande Dame der säkularen Medien Italiens, oder wie er den protestantischen Schweizer Nobelpreisträger Werner Arber zum ersten nichtkatholischen Präsidenten der Päpstlichen Akademie der Wissenschaften berufen hat, wobei Regoli auch nicht die mangelnde Menschenkenntnis verschweigt, die dem genialen Theologen in den Schuhen des Fischers oft vorgeworfen wurde, der schwierige Texte und Bücher so genial zu beurteilen wusste und vor Peter Seewald im Jahr 2010 gleichwohl freimütig einräumte, dass er Entscheidungen über Personen so schwierig finde, weil „keiner dem anderen ins Herz schauen" könne. Wie wahr!

Zutreffend bezeichnet Regoli aber eben jenes Jahr 2010 als ein „schwarzes Jahr" für den Papst, und zwar im Zusammenhang mit dem tragischen Unfalltod Manuela Camagnis, einer der vier Memores aus der kleinen „päpstlichen Familie". Das kann ich nur bestätigen. Gegen diesen Schicksalsschlag waren die medialen Aufreger jener Jahre – von der Affäre um den traditionalistischen Bischof Williamson bis zu einer Welle immer gehässigerer Angriffe gegen ihn – zwar nicht nichts, doch sie erreichten das Herz des Papstes nicht so sehr wie der Tod Manuelas, die so urplötzlich aus unserer Mitte fortgerissen wurde. Benedikt war kein Papstdarsteller und noch weniger ein gefühlloser Papstautomat, er war und blieb auch auf dem Thron Petri ganz und gar Mensch – oder in den Worten Conrad Ferdinand Meyers: Er war „kein ausgeklügelt' Buch", er war ein „Mensch mit seinem Widerspruch". So habe ich ihn tagtäglich erlebt und geschätzt. Und das hat sich bis heute nicht geändert.

Nach der letzten Enzyklika „Caritas in veritate" vom 4. Dezember 2009 will Regoli dann aber beobachten, wie ein in liturgischer, ökumenischer und kirchenrechtlicher Hinsicht dynamisches, innovatives und antriebstarkes Pontifikat plötzlich „entschleunigt" erscheint, wie blockiert, als würde es in einem Sumpf stecken. Das kann ich so nicht bestätigen, auch wenn der Gegenwind in den nachfolgenden Jahren zugenommen hat. Seine Reisen ins Vereinigte Königreich (2010), nach Deutschland und in die Lutherstadt Erfurt (2011) oder in den brennenden Nahen Osten zu den beunruhigten Christen des Libanon (2012) in diesen letzten Jahren waren allesamt ökumenische Meilensteine. Sein entschiedenes Vorgehen in der Aufarbeitung der Missbrauchsproblematik ist und bleibt wegweisend. Und wann hat es je einen Papst gegeben, der neben seinem überschweren Amt auch noch Bücher über Jesus von Nazareth schrieb, die vielleicht noch einmal als seine wichtigste Hinterlassenschaft gelten werden?

Danach muss ich hier nicht ausführen, wie er, den der plötzliche Tod Manuela Camgagnis so getroffen hatte, auch später an dem Verrat Paolo Gabrieles litt, der ja auch derselben „päpstlichen Familie" angehört hatte. Und doch, das muss ich hier einmal in aller Deutlichkeit sagen, ist Benedikt am Schluss nicht wegen des armen und fehl geleiteten Kammerdieners zurückgetreten oder wegen der Schmankerln aus seinem Haus, die in der sogenannten Vatileaks-Krise wie Falschgeld in Rom in den Verkehr kamen und im Rest der Welt wie wahre Goldstücke gehandelt wurden. Es war kein Verräter oder „Rabe" oder irgendein Journalist, der ihn zu dieser Entscheidung hätte bewegen können. Dafür war dieser Skandal dann doch etwas zu klein und dieser wohl bedachte Jahrtausendschritt Benedikts XVI. umso vieles größer.

Respekt verdient Regolis Darstellung dieser Vorgänge auch deshalb, weil er erst gar nicht den Anspruch erhebt, diesen letzten rätselhaften Schritt ganz erklären und ergründen zu wollen, und er bereichert die wuchernde Legendenbildung auch nicht mit neuen Spekulationen, die mit der Wirklichkeit kaum etwas zu tun haben. Und ich muss gestehen, dass auch mir, als einem Zeugen aus nächster Nähe, für diesen spektakulären und unerwarteten Schritt Benedikts XVI. nur immer wieder neu jene berühmte und geniale Formel einfällt, mit der Johannes Duns Scotus im Mittelalter Gottes Ratschluss für die Unbefleckte Empfängnis der Gottesmutter begründete:

„Decuit, potuit, fecit".

Das heißt auf Deutsch: Es geziemte sich, weil es sinnvoll war. Er (Gott) konnte es, also tat er es. – Übertragen auf den

Entschluss zum Rücktritt lese ich diese Formel so. Es geziemte sich, weil Benedikt XVI. gewahr wurde, dass ihm die nötige Kraft für das überschwere Amt abhandenkam. Er konnte es, weil er die Möglichkeit emeritierter Päpste für die Zukunft schon seit Langem theologisch grundlegend durchdacht hatte. So tat er es dann.

Im Wesentlichen war der epochale Rücktritt des Theologenpapstes deshalb ein Schritt nach vorn, als er am 11. Februar 2013 auf Lateinisch vor den überraschten Kardinälen die neue Institution eines „Papstes emeritus" in die katholische Kirche mit den Worten einführte, dass seine Kräfte nicht mehr ausreichen, „den Petrusdienst in angemessener Weise auszuüben". Das Schlüsselwort dieser Erklärung ist der Begriff „Munus Petrinum", das hier – wie meistens – als Petrusdienst übersetzt wurde. Doch das lateinische Munus hat eine vielfältige Bedeutung. Es kann Dienst, Aufgabe, Leitung oder Geschenk heißen – bis hin zu Wunderwerk. Als Teilhabe an einem solchen petrinischen Dienst versteht Benedikt seine Aufgabe auch nach dem Rücktritt bis heute. Er hat seinen Stuhl geräumt, doch den geistlichen Dienst des Betens und Mitleidens für die Kirche hat er mit seiner Entscheidung vom 11. Februar 2013 nicht aufgegeben.

Um jeden Zweifel auszuräumen und jeglichem Missverständnis vorzubeugen, ist festzuhalten, dass es seit der Wahl am 13. März 2013 nicht zwei Päpste gibt, sondern nur einen, und der heißt Franziskus. Ihm allein kommt die amtliche Vollmacht für die Leitung der Kirche zu. Aber im geistlichen Dienst des Gebets und der Hingabe bleibt Benedikt sozusagen im engeren Bereich des heiligen Petrus. Darum hat Benedikt XVI. weder den weißen Talar noch seinen Namen abgelegt. Darum ist seine korrekte Anrede auch heute noch „Heiliger Vater" (auf Italienisch: Santità) und darum zog er sich auch nicht in ein abgelegenes Kloster zurück, sondern in das Innere des Vatikans – als sei er nur beiseitegetreten, um seinem Nachfolger und einer neuen Etappe in der Geschichte des Papsttums Raum zu geben, den er mit diesem Schritt bereichert hat um das Kraftwerk seines Gebets und Mitleidens in den Vatikanischen Gärten.

Es war der „am wenigsten erwartete Schritt im zeitgenössischen Katholizismus", wie Regoli schreibt, als eine Möglichkeit freilich, die Kardinal Ratzinger schon am 10. August 1978 in München in einer Predigt aus Anlass des Todes Pauls VI. öffentlich reflektiert hatte. 35 Jahre später ist er dann selbst vor dem Petrusamt nicht geflohen, was ihm nach seiner irreversiblen Annahme des Amtes im April 2005 völlig unmöglich gewesen wäre. Er hat dieses Amt stattdessen erneuert und in einem Akt außerordentlichen Wagemutes (auch gegen wohlmeinende und durchaus kompetente Berater), und mit letzter Kraft, potenziert, wie ich hoffe. Dies kann aber nur die Geschichte erweisen. Doch das wird bleiben in der Kirchengeschichte, in der der weltberühmte Theologe auf dem Stuhl Petri im Jahr 2013 zum ersten „Papa emeritus" der Geschichte wurde. Seitdem ist seine Rolle – schon wieder – auch völlig anders als etwa die des heiligen Papstes Coelestin V., der nach seinem Rücktritt im Jahr 1294 wieder Eremit werden wollte und stattdessen Gefangener seines Nachfolgers Bonifaz VIII. wurde (dem wir heute die Einführung der Jubeljahre in der Kirche verdanken). Einen Schritt wie den von Benedikt XVI. hat es eben noch nie gegeben. Darum wundert wieder nicht, dass er darum von manchen als revolutionär empfunden wurde oder aber als überaus evangeliumsgemäß, während andere das Papsttum dadurch säkularisiert sehen wie nie zuvor und damit kollegialer und funktionaler oder auch einfach menschlicher und weniger sakral. Wieder andere sind der Ansicht, dass Benedikt XVI. das Amt mit diesem Schritt – theologisch und historisch-kritisch gesprochen – quasi entmythologisiert hat.

All dies legt Roberto Regoli in seinem Panorama des Pontifikats auf eine Weise frei wie noch kein Autor vor ihm. Der bewegendste Teil meiner Lektüre des Werkes von Professor Regoli war aber vielleicht die Stelle, wo er in einem ausführlichen Zitat an jene letzte Generalaudienz Benedikts XVI. am 27. Februar 2013 erinnert, wo der scheidende Papst auf dem Petersplatz sein Pontifikat zum Abschied unter unvergesslich makellosem, blauem Himmel in folgenden Worten zusammenfasste:

„Es war eine Wegstrecke der Kirche, die Momente der Freude und des Lichtes kannte, aber auch Momente, die nicht leicht waren; ich habe mich gefühlt wie Petrus mit den Aposteln im Boot auf dem See Gennesaret: Der Herr hat uns viele Sonnentage mit leichter Brise geschenkt, Tage, an denen der Fischfang reichlich war, und es gab Momente, in denen das Wasser aufgewühlt war und wir Gegenwind hatten, wie in der ganzen Geschichte der Kirche, und der Herr zu schlafen schien. Aber ich habe immer gewusst, dass in diesem Boot der Herr ist, und ich habe immer gewusst, dass das Boot der Kirche nicht mir, nicht uns gehört, sondern ihm. Und der Herr lässt sie nicht untergehen; er ist es, der sie lenkt, sicherlich auch durch die Menschen, die er erwählt hat, denn so hat er es gewollt. Das war und ist eine Gewißheit, die durch nichts verdunkelt werden kann."

Persönlich, muss ich gestehen, könnten mir bei diesen Worten jetzt noch die Tränen kommen, zumal ich aus nächster Nähe bezeugen kann, wie unbedingt Papst Benedikt die Worte des heiligen Benedikt für sich und seinen Dienst übernommen hat, gemäß denen der „Liebe zu Christus nichts vorzuziehen ist" (nihil amori Christi praeponere), wie es in jener

Regel heißt, wie sie uns von Papst Gregor dem Großen überliefert wurde. Als Zeitzeuge aber bin ich jetzt noch fasziniert von der Präzision dieser letzten Analyse auf dem Petersplatz, die so poetisch klang und doch nichts anderes als prophetisch war. Denn es sind ja Worte, die heute auch Papst Franziskus ohne Weiteres sofort unterschreiben könnte und würde. Nicht die Päpste, sondern Christus, der Herr, selbst und kein anderer ist der Besitzer des Schiffleins Petri in den sturmgepeitschten Wellen, wo wir immer wieder neu befürchten, der Herr sei eingeschlafen und er nehme keinen Anteil an unserer Not – der doch jeden Sturm mit einem einzigen Wort zum Verstummen bringen kann, wo uns allerdings mehr als die hohen Wellen und das Heulen des Windes wohl vor allem unser Unglaube, unser Kleinglaube und unsere Ungeduld immer wieder neu in Panik versetzen.

So gibt dieses Buch noch einmal einen tröstenden Blick frei auf die ruhige Unbeirrtheit und Gelassenheit Benedikts XVI. am Steuer des Schiffes Petri in den dramatischen Jahren von 2005 bis 2013. Gleichzeitig hat Don Regoli mit dieser aufklärenden Chronik nun aber auch selbst Anteil genommen an dem oben erwähnten Munus Petri. Wie vor ihm schon Peter Seewald und andere ist auch Roberto Regoli hiermit nun als Priester, Professor und Gelehrter mit eingetreten in jenen erweiterten petrinischen Dienst um die Nachfolger des Apostels Petrus, wofür wir ihm heute und hier von Herzen danken wollen.

DER BLITZSCHLAG

25. Juni 2016:

Interview mit Paul Badde für EWTN

Paul Badde: Herr Erzbischof, was ging Ihnen am Abend des 11. Februar 2013 durch den Kopf, als ein Blitz in den Petersdom einschlug, an dessen Morgen Papst Benedikt zurückgetreten war?

Georg Gänswein: Ich habe an dem Abend das Unwetter gehört, doch ich habe den Blitz nicht mit eigenen Augen gesehen. Vielmehr sah ich ihn zum ersten Mal auf einem Foto und danach selbstverständlich noch viele Male. Der Eindruck war der eines Zeichens von oben, eine Reaktion, die man mit den Ereignissen des Morgens zusammenbringen kann, ja, vielleicht muss. Also es war irgendeine Art von Reaktion und ich fragte mich, ob es etwas Gutes bedeutete oder eine Aufforderung war: „Habt Acht!"

Es war ja ein gewaltiger Lärm. Wie reagierte der Heilige Vater?

Soweit ich mich erinnere, hat Benedikt nur das Getöse mitbekommen – und nicht den Blitz gesehen. Also nur die Akustik, nicht die Optik. Einen Tag danach habe ich ihm dann beim Pressespiegel einige Bilder gezeigt, einige Fotos aus den Nachrichten von diesem Blitz. Und er fragte mich: „Ist das wahr oder eine Fotomontage?" Da sagte ich ihm, dass es echt war. Es war offensichtlich, dass die Natur sehr klar gesprochen hatte.

Für mich hörte es sich an wie ein Getöse aus der Unterwelt. Und mich hat es damals auch an den Regenbogen erinnert, der über Auschwitz erschien, als Papst Benedikt in Birkenau sprach. Waren Sie dabei?
Ja, ich war dabei. In Wirklichkeit waren da zwei Regenbogen. Ich erinnere mich sehr genau. Wir fuhren dorthin und das Wetter war brutal schlecht. Es regnete und so bereiteten wir uns vor, die Ansprache unter dem Regenschirm zu halten. Als wir aber aus dem Auto ausstiegen, hörte der Regen auf, und während der Papst seine Ansprache hielt, erschien plötzlich dieser Regenbogen, den niemand erwartet hatte. Keiner hatte daran gedacht. Das war wirklich einmalig und eine überzeugende Botschaft von oben.

Haben Sie beide abends darüber gesprochen?
Wir sprachen schon im Auto während der Fahrt darüber, denn dann ist immer etwas Zeit für ein Gespräch. Es hilft, den Stress zu senken, wenn Sie nicht über wichtige und schwierige Dinge sprechen, sondern über etwas, das Sie gerade erlebt haben. Deshalb war der Regenbogen eine willkommene Gelegenheit für ein Gespräch. Es hat ihn nicht nur berührt, es hat ihn fasziniert.

Am 28. Februar 2013 konnte die ganze Welt Ihre Tränen sehen, als Sie mit dem Papst den Palast verlassen haben. Sie waren so traurig wie bei einer Beerdigung und fast unter Schock. Inzwischen aber haben Sie diesen Schritt leidenschaftlich verteidigt. Wie haben Sie es geschafft, Ihren Frie-

den mit dieser Entscheidung zu machen, die auch Ihr Leben von einer Sekunde zur anderen komplett verändert hat?

Sie haben recht, der Abschied hier vom Palazzo am 28. Februar war sehr schmerzhaft und hat mir wehgetan und mich sehr getroffen. Wir gingen runter, aus dem Palazzo hinaus, über den Damasushof, nahmen das Auto zum Helipad und stiegen in den Helikopter, der uns nach Castel Gandolfo brachte. Das war ein Abschied, der mir wehtat. In der Tat konnte ich da nicht anders, als den Tränen freien Lauf zu lassen. Ich konnte es nicht zurückhalten. Drei Jahre sind seitdem vergangen und viel ist in der Zwischenzeit passiert. Es war viel Zeit zum Nachdenken – auch für persönliche Reflektionen. Manche Dinge sind von außen dazugekommen. Papst Benedikt war und ist seit diesem Tag im vollen Frieden mit seiner Entscheidung, zurückzutreten, und dass der Schritt richtig war. Das half mir persönlich, meinen anfänglichen Widerstand zu verabschieden und zu überwinden und zu akzeptieren, was Papst Benedikt nach langem Ringen, vielen Kämpfen und Gebeten als das Richtige erkannte und dann auch entschieden hat.

Es war ein sehr trauriger Tag. Was war denn auf Anhieb der glücklichste Tag in Ihrem Dienst für Benedikt?

Ich weiß nicht, ob es der glücklichste Tag war, jedenfalls war es vielleicht der einschneidendste Tag: der Wahltag. Damals hatte Kardinal Ratzinger sich entschieden, dass ich ihn in das Konklave begleiten sollte als sogenannter „Ecclesiasticus". Zusammen mit den Doktoren und allen, denen es nicht erlaubt war, bei der Wahl dabei zu sein, wartete ich aufgeregt auf das Ergebnis in der Sala Regia oder in der Sala delle Benedizioni. Wir waren natürlich alle gespannt und nervös. Es war eine besondere Atmosphäre. Als sich die Tür der Sixtinischen Kapelle öffnete und der jüngste der Kardinäle herauskam, um uns zu sagen, dass eine Entscheidung gefallen wäre, da sah ich Papst Benedikt hinten unter dem Letzten Gericht stehen, ganz in weiß – weiß in weiß. Das war einer der einschneidendsten Momente in meinem ganzen Leben.

Weil Ihr ganzes Leben sich von einem Moment auf den anderen geändert hat?
Es war ein großer Wendepunkt in seinem Leben und indirekt natürlich auch in meinem.

Sie wurden am 6. Januar 2013 zum Erzbischof geweiht. Zu diesem Zeitpunkt wussten Sie schon seit Monaten, dass er bald zurücktreten würde.
Ich wusste es, ja.

Wie haben Sie es geschafft, so fröhlich und so ruhig zu bleiben? Sie waren sehr fröhlich an diesem Tag.
Es war der Tag meiner Bischofsweihe, die ja die Vervollständigung des Weihesakraments ist, und sie wurde von Benedikt selbst zelebriert, in einem sehr feierlichen Akt – vielleicht war das der für mich feierlichste Gottesdienst, an dem ich jemals teilgenommen habe. Es berührte mich so wie nichts zuvor und nichts danach. Sicher, es war nicht einfach für mich, nachdem Papst Benedikt mir unter dem Siegel des päpstlichen Geheimnisses von seinem Rücktritt erzählt hatte. Ich versuchte zu akzeptieren, was er für sich entschieden hatte. Die Tatsache, dass er mir seine Entscheidung in Hochvertraulichkeit mitteilte, zeigte mir, dass er mir sehr vertraute – was natürlich bedeutete, dass er erwartete, dass ich mich diesem Vertrauen würdig erwies und es für mich behielt. Und ich habe dieses Geheimnis für mich behalten, auch wenn ich mit dem Herrn von Zeit zu

Zeit gekämpft habe. Letztendlich bin ich stolz darauf, zu sagen: „Gott sei Dank habe ich durchgehalten!"

Nun haben wir über den traurigsten und den schönsten Tag gesprochen. Welchen Tag bedauern Sie am meisten, wenn Sie auf dieses Pontifikat zurückschauen?
Bedauern? Ich bedaure den Tag, als ich bettlägerig war, als ich krank war und all die Schwierigkeiten sah, die mit dem Namen Williamson verbunden waren und die wie eine Lawine auf den Papst zurollten und niemand konnte etwas dagegen tun. Es gab kein Entrinnen. Das war der schwierigste und traurigste Tag und auch der schmerzvollste Tag in meinem Leben als Papst Benedikts Sekretär.

Und Sie waren zu schwach, um einzugreifen?
Ich konnte nicht eingreifen, weil es schon zu spät war. Benedikt hat wirklich genug gesagt über diesen Fall und am allerwichtigsten, er hat den berühmten Brief an die Bischöfe geschrieben – was einmalig ist. Ich werde niemals den 10. März 2010 vergessen, als dieser berühmte Brief publiziert wurde, in dem er sagte, was zu sagen war, und ich stimme mit seiner Position überein.

Wir wissen aus den Exorzismen von der Kraft des Gebetes! Gebete können sogar Dämonen austreiben. Manchmal dachte ich – und das denke ich bis heute –, dass das Amt des Papstes eigentlich menschenunmöglich ist und dass es nur ausgeübt werden kann durch die Unterstützung dieser Millionen von Gebeten für den Papst, die täglich gebetet werden – jeden Morgen, in jeder Messe, jede Nacht, in allen Messen, weltweit. Was war der Unterschied, als all diese Gebete

plötzlich vom Papst weggenommen wurden? War das nicht ein enormer Verlust und konnten Sie ihn physisch spüren?

Ja, doch es gibt da einen kleinen Schlenker in Ihrer Frage. Ich bin nicht sicher, so wie Sie es beschreiben, dass diese Gebete wirklich von ihm weggenommen wurden. Klar, mit der Wahl von Papst Franziskus gingen die offiziellen Gebete für den Papst auf ihn über – und das ist richtig so. Es war dasselbe mit Johannes Paul II. und Benedikt XVI. Aber aufgrund vieler Briefe und Kontakte kann ich sagen, dass die zugewendeten Gebete immer noch enorm sind und in Bezug auf das, was ich höre, würde ich sogar sagen, sie sind angewachsen.

Sie sind angewachsen?

Ja und ich bin überzeugt, dass Papst Benedikt nicht vergessen wurde, was die Gebete betrifft, sondern dass viele Leute immer noch für ihn beten.

Können Sie uns sagen, was Benedikt nach seinem Rücktritt am meisten erfreut?

Er hat sich sicher auf die Zeit gefreut, die er nun hat. Zeit mit dem Herrn. Zeit fürs Gebet, für das Nachdenken, für das Lesen – und auch für persönliche Begegnungen mit Menschen.

Könnte man sagen, dass er nun wie ein Mönch lebt?

So sagt er es selbst. Er sagt: „Ja, ich bin im Ruhestand. Ich lebe in einem Kloster. Ich habe ein mönchisches Lebensprogramm." Und ich bin ja Tag für Tag mit ihm zusammen und kann das nur bestätigen.

Ich kenne eine Reihe von Kardinälen, die immer noch wütend sind, wenn man sie darauf anspricht, dass die Kirche derzeit zwei lebende Nachfolger des heiligen Petrus hat. Sie

aber haben kürzlich von einer Erweiterung des petrinischen Dienstes gesprochen, auch von einer Potenzierung, die Papst Benedikt mit seinem Schritt eingeführt habe. Können Sie das ein bisschen eingehender erklären.

Ja, Sie beziehen sich auf eine Buchvorstellung eines italienischen Professors, Roberto Regoli, der in einem Buch die erste Bewertung des Pontifikats vorgenommen hat. Er ist Professor an der Universität Gregoriana, wo das Buch vorgestellt wurde. Ich war eine der beiden Personen, die es vorgestellt haben, und ja, ich habe von einem potenzierten Pontifikat gesprochen. Um es ganz klar zu sagen – denn ich habe durch manche Reaktionen bemerkt, dass mir da Dinge untergeschoben wurden, die ich gar nicht gesagt habe: Selbstverständlich ist Papst Franziskus der legitime und legitim gewählte Papst. Wer von zwei Päpsten spricht, einem legitimen und einem illegitimen, ist demnach inkorrekt. Was ich tatsächlich gesagt habe – und was Benedikt auch sagt –, war, dass er fortfährt im Gebet und im Opfer präsent und da zu sein im „Recinto" des heiligen Petrus (das heißt im Bezirk des Vatikans), was geistige Früchte für seinen Nachfolger und die Kirche hervorbringt. Das ist, was ich gesagt habe. Seit drei Jahren haben wir zwei lebende Päpste und ich betone, dass die Realität, die ich wahrnehme, durch das, was ich gesagt habe, gedeckt ist.

Also habe ich richtig verstanden, dass er immer noch im Dienst geblieben ist, aber nur in einer kontemplativen Rolle, ohne Entscheidungsgewalt. Ist es das, was wir jetzt erleben, mit einem aktiven und einen kontemplativen Teil, die zusammen eine Erweiterung des „Munus Petrinum" bilden?

Das ist das, was ich sagte. Und um noch genauer zu sein. Es ist sehr klar, dass Papst Franziskus die „plena potestas" hat, die „plenitudine potestatis" (volle Entscheidungsgewalt). Er ist derjenige, der die Nachfolge Petri innehat. Und wie ich schon sagte – da gibt es keine Schwierigkeiten. Da ist kein Kräftemessen oder Rivalität. Wenn man den gesunden Menschenverstand anwendet, Glauben und ein bisschen Theologie, sollte das klar sein.

Können Sie sich zwei Papi emeriti, zwei zurückgetretene Päpste vorstellen, die in den Gärten leben oder drei oder sogar ein Papstamt von vieren?
Papst Benedikt hat in der Tat eine Tür geöffnet, als er diesen Schritt machte. Ich bin kein Prophet, um vorauszusagen, ob ihm ein zukünftiger Papst dahin folgen wird. Aber ich persönlich habe keine Schwierigkeiten damit, dass für möglich und realistisch zu halten.

Um notfalls Platz zu schaffen für Papst Franziskus?
Ob es sich dabei nun um denselben oder einen anderen Ort handelt, ist hier wirklich zweit- oder drittrangig.

Ihr Vater war ein Schmied und ein „Baum von einem Mann", wie Sie einmal gesagt haben. Wie würden Sie den Heiligen Vater Benedikt beschreiben? Er ist offensichtlich nicht ein „Baum von einem Mann". Gibt es einen Satz oder eine Phrase, mit dem Sie ihn beschreiben könnten?
Papst Benedikt ist die Person, die für mich geistige Klarheit verkörpert – und er tut dies mit so einer unglaublichen intellektuellen Präsenz und ebenso mit einer entwaffnenden Milde und Liebenswürdigkeit. Ich kenne keine Person, die wie er ist. Er ist für mich ein bleibendes Vorbild geworden und ebenso eine wichtige Bezugsperson!

Was wird von seinem Pontifikat bleiben?

Das wird die Zeit zeigen. Das werden wir mit der Zeit sehen und die Geschichte wird zeigen, dass die großen Themen, mit denen sich Papst Benedikt befasst hat und die anfangs Herausforderungen für das Amt waren, dass seine Antworten auf diese Fragen oder Herausforderungen das Fundament der Kirche gefestigt und geprägt haben. Das bleibt!

Barmherzigkeit ist für Papst Franziskus das große Schlüsselwort. Gibt es ebenso ein Schlüsselwort für Benedikts Pontifikat?

Benedikt hat ein grundlegendes Wort, das ihn immer begleitet hat, von der Zeit, als er Professor war und Kardinal – ich habe das auch bei der Buchvorstellung erwähnt. Es ist die Veritas, die Wahrheit. Der Schlüssel ist, dass die Wahrheit Mensch wurde in Christus und Wahrheit ist das große Thema in Benedikts Leben – ein Thema, das in unterschiedlichen Formen immer wiedergekehrt ist in seinem Leben.

Das bedeutet, dass wir die Wahrheit in Jesus Christus kennen, in welchem sie ein Gesicht gefunden hat. Benedikt hat seinem Nachfolger ein brisantes Dossier hinterlassen bezüglich der Situation im Vatikan. Seit drei Jahren versucht nun Papst Franziskus, die Kurie zu reformieren. Vor Weihnachten 2014 kritisierte er sie drastisch! Eine zweifache Frage: Zeigt die Kurienreform schon sichtbare Ergebnisse? Und gibt es eine Verbindung zu dem Dossier, das der Papst seinem Nachfolger hinterlassen hat?

Erstens, um das klarzustellen: Das Dossier, das Papst Benedikt seinem Nachfolger am 23. März 2013 in Castel Gandolfo übergeben hat, zeichnet das erste Treffen der beiden aus. Ich spreche von dem Dossier der Kardinalskommission. Drei Kardinäle, die persönlich von Papst Benedikt ausgewählt wurden, um die sogenannte VatiLeaks-Situation zu untersuchen, um Licht in die Dunkelheit zu bringen. Diese drei Kardinäle berichteten nur dem Papst – da gab es keine vermittelnde Instanz – und sie machten eine gute Arbeit. Sie übergaben die Früchte ihrer Arbeit, zusammen mit allen Dokumenten und den dazugehörigen Unterlagen, an Papst Benedikt, der sie mit nach Castel Gandolfo genommen hat.

Im Helikopter?
Ja, dann hat er sie Papst Franziskus übergeben. Zur Frage der Kurienreform und ob sie schon Früchte zeigt oder nicht, habe ich viel zu sagen. Insbesondere zu Beginn des Pontifikats wurden verschiedene Thesen herumposaunt; man sagte, dass die Kurie in einem desaströsen Zustand wäre: alles wäre verlottert und in Unordnung und es wäre Zeit, alles zu reformieren – nicht nur die IOR, sondern alles, was man als Kurie bezeichnen kann. Ich habe nun 20 Jahre Erfahrung und ich denke, einige von jenen, die so viel über die Kurie zu sagen hatten, kennen sie nur von der Regenbogenpresse oder haben keine genaue Kenntnis und sie sollten einmal einen Schritt zurücktreten und einen Gang zurückschalten. Sicher waren und sind da einige Schwierigkeiten und es besteht sogar die Notwendigkeit, einige Änderungen in spezifischen Fragen vorzunehmen. Wie weit all das unter den Begriff einer Kurienreform fällt, ist eine andere Frage. Wenn man sich die Sache ernst anschaut, hat sich nicht viel geändert. Sicher, zwei neue Institutionen wurden geschaffen. Wir werden sehen, ob das Klarheit bringen wird. Bezüglich der IOR oder der sogenannten Vatikanbank geht die Arbeit weiter, die unter Papst Benedikt begonnen hat. Es ist klar und einfach: Eine Reform in dieser Sache braucht Zeit, bis die Erfolge zeigt. Hinsichtlich der sogenann-

ten Kurienreform bin ich sehr neugierig, was das endgültige Produkt, das Resultat, das Endergebnis sein wird. Ich bin gespannt und ich mag es, überrascht zu werden

Kurz nach seiner Wahl betonte Papst Franziskus, dass die Schäfer „den Geruch der Herde" haben müssten. Sie kennen viele Bischöfe. Haben sie sich geändert oder lassen sie lediglich ihr Rasierwasser weg?

Ja, in Bezug auf das sichtbare Verhalten gibt es einige offensichtliche Änderungen. Ich stehe nicht an, zu sagen, ob das auch die innere Haltung geändert hat. Ich bin nicht der Beichtvater dieser Herren und ich habe zu wenig Kontakt mit ihnen, um ein offenes und ehrliches Statement abzugeben. Ich kann nur hoffen, dass die äußerlichen Änderungen mit der inneren Haltung Schritt halten und dass sie nicht dazu dienen, etwas zu verbergen, solange man hier im Vatikan ist, um dann wieder auf alte Wege zurückzugehen, sobald der Vatikan außer Sichtweite ist.

„Die Pforten der Hölle werden die Kirche nicht überwältigen, die auf dem Felsen Petri gebaut ist", sagt der Evangelist Matthäus. Was denken Sie über die Prophezeiungen des Malachias, die wahrscheinlich vom heiligen Filippo Neri stammen und die mit Papst Franziskus in der Reihe der Päpste enden?

Gestern, am 26. Mai, war das Fest des heiligen Filippo Neri. Und in der Tat, wenn man sich die Prophezeiung anschaut und bedenkt, dass da immer ein passender Bezug zu den Päpsten in der Geschichte bestand, dann lässt das mich etwas erschaudern. Das gebe ich ehrlich zu. Wie auch immer, es ist kein Teil der Offenbarung. Niemand ist verpflichtet die Prophezeiungen des heiligen Malachias anzunehmen. Aber von der historischen Perspektive muss man sagen: „Ja, es ist eine Art von Aufruf."

Ich persönlich muss sagen, dass ich das Licht in den Räumen des Palazzo vermisse, wenn ich abends über den Petersplatz gehe. Wie fühlen Sie sich, wenn Sie das päpstliche Apartment sehen, in dem Sie so lange gelebt haben und das nun dunkel geworden ist?
Abends bin ich gewöhnlich in einem kleinen Raum und bereite die Post für den nächsten Tag vor oder habe andere Dinge zu tun, sodass ich den Palazzo nicht oft in der Nacht sehe. Natürlich habe ich ihn manchmal gesehen, wenn ich die Via della Conciliazione entlanggehe. Das ist immer, wenn ich zu Fuß von der Stadt zurückkomme. Das tue ich gerne, denn es ist gut und hilfreich für mich. Also, wenn ich auf den Petersplatz zulaufe und ich auf den Palazzo schaue, dann sehe ich einige Lichter, die immer noch an sind, in der Prima Loggia beim Kardinalstaatssekretär. Wenn ich dann die zweite und die dritte Loggia total dunkel sehe, fühle ich mich ein bisschen wehmütig. Ich war daran gewöhnt und ich weiß nicht, ob ich mich jemals an den Anblick dunkler Fenster am Abend gewöhnen werde.

Wir kommen zur letzten Frage. Einmal sprachen Sie über Ihren Traum, Ihren Kindheitstraum, Kartäuser zu werden. Haben Sie immer noch Träume und wenn ja, welche?
In der Tat, es beschäftige mich, als ich im zweiten Semester meines Theologiestudiums war und ich mit einem Freund für eine Woche nach Marienau ging, einem Kartäuserkloster im Allgäu. Nach meiner Rückkehr fühlte ich diesen Ruf und ich sprach darüber mit einem alten Kartäuser, der mir folgenden Rat gab: „Hör zu, wenn der Ruf, den du erhalten hast, wirk-

lich ernst ist, wird er bleiben. Zuerst gehe zurück und beende dein Studium. Du würdest es ohnehin beenden müssen, auch wenn du jetzt bei uns eintrittst. Wenn der liebe Gott will, dass du Kartäuser wirst, dann wird er dafür sorgen, dass du es in fünf oder sechs Jahren auch noch willst. Wenn nicht – dann war es vielleicht eine kleine Stimme, hervorgerufen von einem Moment der Begeisterung und noch nicht von ganz oben. Ich nahm mir den Rat zu Herzen und tatsächlich wurde im Verlauf meines Studiums offensichtlich, dass der Herr etwas anderes für mich vorgesehen hatte. Von einem Traum heute zu reden, wäre übertrieben. Doch manchmal wünsche ich mir, dass ich in der Seelsorge tätig sein könnte, um – um das Bild von Papst Franziskus aufzugreifen – mehr „den Geruch der Schafe" anzunehmen. Hier hingegen ist der Geruch der zweiten Loggia und der Geruch des Vatikans immer noch sehr stark. Ich versuche etwas mehr Zeit dafür zu bekommen, doch derzeit ist es unmöglich – ich habe einfach keine Zeit. Also versuche ich mich anzupassen und den Geruch anzunehmen, der sich hier verbreitet, und weiterzugeben.

Vielen Dank für dieses Interview. Wir wünschen Ihnen, dass der gute Herr Sie weiterhin am Haken hält.

RÖMISCHER HORIZONT

Über Benedikt, Franziskus und die Kirchensteuer

18. Juli 2016:
Interview mit Hendrik Groth,
Chefredakteur der Schwäbischen Zeitung

Hendrik Groth: Wie geht es Papst Benedikt?
Georg Gänswein: Er ist ja kein Papst mehr, sondern emeritiert. Nun ist er im April 89 geworden und feierte vor Kurzem sein 65-jähriges Priesterjubiläum. Dazu gab es hier eine kleine Feier mit Papst Franziskus, einigen Kardinälen und persönlich geladenen Gästen. Der Kopf ist klar, hell, in Ordnung. Die Beine sind etwas müder geworden. Vor allem beim Gehen wird es mühsam. Mit dem Rollator geht es, der gibt Stabilität und Sicherheit. Die Psychologie ist ja genauso wichtig wie die Physiologie. Aber die Kräfte haben einfach nachgelassen. Auch ein Papa emeritus ist ein Mensch, der diesen natürlichen Gesetzen unterliegt.

Wie läuft der Alltag ab?
Der Tagesablauf ist einfach. Er beginnt mit der heiligen Messe in der Früh. Ich konzelebriere, ab und zu sind auch Konzelebranten und Gäste dabei. Danach Brevier, dann Frühstück. Der Vormittag hat folgenden Rhythmus: Gebet, Lektüre, Korrespondenz, Besuche. Dann kommt das Mittagessen, bei dem ich wieder dabei bin. Nach dem Essen drehen wir zwei, drei

kleine Runden auf der Dachterrasse. Es folgt die Mittagsruhe. Am Nachmittag nimmt er sich viel Zeit für Lektüre und die Beantwortung der Briefe; er bekommt immer noch viel Post aus aller Welt. Gegen 19.00 Uhr gehen wir in die Vatikanischen Gärten und beten den Rosenkranz, dann gibt es Abendessen, danach schauen wir uns die italienischen Nachrichten an. In der Regel zieht er sich dann zurück und ich mache das Gleiche. Der Sonntag hat einen sonntäglicheren Verlauf, keine Arbeit, dafür gibt es Musik und Kulturelles.

Sie sind ja auch der Vermittler zwischen dem amtierenden Papst Franziskus und Benedikt. Sie haben einmal sehr kurz nach der Wahl des neuen Papstes gesagt, in der Theologie passe zwischen den Ansichten Benedikts und Franziskus kein Blatt Papier. Würden Sie das ein paar Jahre später immer noch sagen?

Die Frage habe ich mir auch schon gestellt; und ich bejahe sie nach wie vor nach alldem, was ich sehe, höre und wahrnehme. Hinsichtlich der Grundlinien ihrer theologischen Überzeugung gibt es auf jeden Fall eine Kontinuität. Natürlich bin ich mir auch bewusst, dass durch die unterschiedliche Art und Weise der Darstellungen und Formulierungen gelegentlich daran Zweifel aufkommen könnten. Doch wenn ein Papst in der Lehre etwas ändern will, dann muss er das deutlich sagen, damit das auch verbindlich ist. Wichtige Lehrauffassungen lassen sich nicht durch Halbsätze oder etwas offen formulierte Fußnoten verändern. Die theologische Methodenlehre hat diesbezüglich eindeutige Kriterien. Ein Gesetz, das in sich nicht klar ist, kann nicht verpflichten. Das Gleiche gilt für die Theologie. Lehramtliche Aussagen müssen klar sein, damit sie verpflichtend sind. Aussagen, die unterschiedliche Interpretationen ermöglichen, sind eine riskante Sache.

Ist es nicht auch eine Frage der Mentalität? Der Papst kommt aus Buenos Aires. Die Argentinier haben einen speziellen Humor mit einem gewissen Augenzwinkern.

Natürlich spielt auch die Mentalität eine Rolle. Papst Franziskus ist stark geprägt durch seine Erfahrungen als Jesuitenprovinzial und vor allem als Erzbischof von Buenos Aires in einer Zeit, als es dem Land wirtschaftlich ausgesprochen schlecht ging. Diese Metropole ist damals zum Ort seiner Nöte und Freuden geworden. Und dort in dieser Großstadt und Mega-Diözese hat man schon verstanden, dass er das, wovon er überzeugt ist, tut und unbeirrt durchzieht. Das gilt nun auch als Bischof von Rom, als Papst. Dass er im Reden im Vergleich zu seinen Vorgängern zuweilen etwas unpräzise, ja flapsig ist, muss man einfach hinnehmen. Jeder Papst hat seinen persönlichen Stil. Es ist seine Art so zu reden, auch auf die Gefahr hin, dass es Anlass zu Missverständnissen, mitunter auch zu abenteuerlichen Interpretationen, gibt. Er wird auch weiterhin kein Blatt vor den Mund nehmen.

Gibt es einen Riss zwischen den Kardinälen und zwischen den Kardinälen verschiedener Kontinente, die den Papst verschieden sehen und begreifen?

Vor der Bischofssynode im vergangenen Oktober war von einer Art Stimmungsbild Pro und Contra Papst Franziskus die Rede. Ich weiß nicht, wer dieses Szenario in die Welt gesetzt hat. Ich würde mich hüten, von einer geografischen Verteilung von Pro und Contra zu sprechen. Wahr ist, dass in bestimmten Fragen etwa die afrikanischen Episkopate sehr deutlich gesprochen haben. Episkopate, also ganze Bischofskonferenzen und nicht nur einzelne Bischöfe. Das war in Europa und Asien so nicht der Fall. Dennoch halte ich von dieser Riss-Theorie nicht viel. Der Wahrheit halber ist aber auch hinzuzufügen, dass einige Bischöfe wirklich Sorge haben, dass das Lehrgebäude durch den Mangel an glasklarer Sprache Einbußen erleiden könnte.

Man hat bisweilen den Eindruck, dass konservative Katholiken, die von ihren progressiven Mitbrüdern und Schwestern während des Pontifikats von Benedikt Papsttreue eingefordert haben, jetzt bei Franziskus selber ein Problem damit haben. Trifft das zu?
Die Gewissheit, dass der Papst als Fels in der Brandung, als letzter Anker galt, ist – in der Tat – ins Rutschen geraten. Ob diese Wahrnehmung der Realität entspricht und das Bild von Papst Franziskus richtig wiedergibt oder ob das mehr ein mediales Gemälde ist, kann ich nicht beurteilen. Unsicherheiten, gelegentlich auch Konfusionen und ein Durcheinander, sind allerdings gewachsen. Papst Benedikt XVI. sprach kurz vor seinem Amtsverzicht im Hinblick auf das Vatikanische Konzil von einem authentischen „Konzil der Väter" und einem eher virtuellen „Konzil der Medien". Ähnliches lässt sich jetzt vielleicht auch von Papst Franziskus sagen. Es gibt eine Schere zwischen medialer und tatsächlicher Realität.

Auf der anderen Seite gelingt es Franziskus, die Menschen für die katholische Kirche zu begeistern.
Papst Franziskus vermag es in der Tat, die öffentliche Aufmerksamkeit auf sich zu ziehen und an sich zu binden. Und das weit, weit über die Kirche hinaus! Vielleicht sogar mehr außerhalb als innerhalb der katholischen Kirche. Die Aufmerksamkeit, die die nichtkatholische Welt, auch in Deutschland, dem Papst schenkt, ist erheblich größer als bei seinen Vorgängern. Natürlich hängt das auch mit seinem eher unkonventionellen Stil zusammen und damit, dass er durch sym-

pathische, unerwartete Gesten die Medien souverän für sich einnimmt. Für die Wahrnehmung der Menschen spielt eine positive Berichterstattung eine wesentliche Rolle.

Hat Papst Franziskus Heimweh?

Darüber hat er sich bisher nicht geäußert. Allerdings hat er vor einigen Tagen in einem Interview mit der größten Zeitung Argentiniens deutliche Aussagen zu Land und Leuten gemacht.

Gibt es eine Zeitenwende in der katholischen Kirche durch Franziskus? Gibt es einen Aufbruch in eine ganz neue Richtung?

Wenn Sie sich sein geistliches Leben anschauen, auf das hören, was er predigt, fordert und verkündigt, dann erkennen Sie in ihm einen klassischen Jesuiten der alten ignatianischen Schule, und das im besten Sinne des Wortes. Wenn dieser Mann eine Zeitenwende einleitet, dann insofern, dass er klare Ansagen macht ohne Rücksicht auf die political correctness. Das ist befreiend, das tut gut und not. Diese mutige Haltung ist einladend und die Menschen danken es ihm mit Sympathie, ja Enthusiasmus. Vielleicht kann man diesbezüglich tatsächlich von einem Aufbruch, von einer Zeitenwende sprechen.

Obgleich der Papst so populär ist, steigen in Deutschland die Austrittszahlen.

Ein Bischof hat wenige Monate nach der Wahl von Papst Franziskus von einem „Franziskus-Effekt" gesprochen und mit geschwellter Brust hinzugefügt, dass es nun wieder schön sei, katholisch zu sein. Rückenwind für Glauben und Kirche seien öffentlich zu spüren und wahrzunehmen. Trifft das wirklich zu? Müsste das katholische Leben nicht lebendiger sein, die Gottesdienste besser besucht, die Berufungen zum Priester-

und Ordensleben gestiegen und die Rückkehr von Menschen, die aus der Kirche ausgetreten sind, größer? Was heißt Franziskus-Effekt konkret für das Glaubensleben in unserem Heimatland? Von außen gesehen ist ein Aufbruch nicht zu erkennen. Mein Eindruck ist der, dass Papst Franziskus als Mensch hohe Sympathiewerte genießt, höhere als jeder andere Leader auf der Welt. Für das Glaubensleben, die eigene Glaubensidentität scheint das aber kaum Einfluss zu haben. Die statistischen Daten, so sie nicht lügen, geben meinem Eindruck leider Recht.

Ein Dauerthema ist das deutsche Kirchensteuersystem. Benedikt hat sich mehrfach dazu kritisch geäußert. Mit der armen Kirche, die Franziskus wünscht, ist das System auch schwer vereinbar. Ist es in Ordnung, dass, wer keine Kirchensteuer zahlt, salopp formuliert, rausfliegt?
Das Thema Kirchensteuer ist ein Endlos-Thema. Natürlich ist die Frage berechtigt, ob das System, das wir in Deutschland haben, eine oder gar die angemessene Form der finanziellen Unterstützung für die Kirche sei. Man muss sich immer die geschichtlichen Gründe für die Entstehung des Kirchensteuerwesens vor Augen halten, um die Frage richtig einzuordnen, ansonsten rennt man in eine Sackgasse. Es gibt zwei entgegengesetzte Auffassungen, die sich in den Haaren liegen. Die einen sagen: Weg mit der Kirchensteuer, die anderen stilisieren sie hoch zu einem Glaubensgut. Beide Extreme taugen nicht. In Italien etwa müssen alle Gehaltsempfänger eine Kultursteuer zahlen. Diese kann man der katholischen Kirche zukommen lassen, muss es aber nicht. Einen Austritt wie bei uns, um sich der Zahlungspflicht zu entziehen, gibt es nicht. Hier sehen wir: Die Kirchensteuer ist keine Kult-, sondern eine Konfessionssteuer. Wenn mir die zu hoch ist, trete ich einfach aus und spare die Summe. Freilich ist es starker Tobak, dass

man – wie Sie sagen – rausfliegt, wenn man die Kirchensteuer nicht mehr zahlen will.

Das Problem ist doch, dass jemand im Grunde genommen exkommuniziert ist, wenn er die Kirchensteuer nicht zahlt und austritt, um Geld zu sparen.
Ja, das ist ein ernsthaftes Problem. Wie reagiert die katholische Kirche in Deutschland auf einen Kirchenaustritt? Mit dem automatischen Ausschluss aus der kirchlichen Gemeinschaft, sprich Exkommunikation! Das ist übertrieben, nicht nachvollziehbar. Man kann Dogmen infrage stellen, das tut keinem weh, da fliegt keiner raus. Ist denn das Nichtbezahlen von Kirchensteuer ein größeres Vergehen gegen den Glauben als Verstöße gegen Glaubenswahrheiten? Der Eindruck, der entsteht, ist doch der: Solange der Glaube auf dem Spiel steht, ist das nicht so tragisch, sobald aber das Geld ins Spiel kommt, dann hört der Spaß auf. Das scharfe Schwert der Exkommunikation bei Kirchenaustritt ist unangemessen und korrekturbedürftig.

Sie leben seit vielen Jahren in Rom. Hat sich da Ihr Blick auf Deutschland verändert?
Ja natürlich. Der Blick ist weiter, tiefer und umfassender geworden. Einfach deshalb, weil ich hier durch die täglichen Begegnungen mit Menschen aus aller Welt Erfahrungen sammle und Kenntnisse gewinne, die den Horizont erweitern und menschlich und geistlich bereichern. Eine Erfahrung, die ich dabei persönlich gemacht habe, ist die, dass manches, was wir in Deutschland als kirchliche Realität für selbstverständlich ansehen, in anderen Ländern unbekannt ist, der Glaube aber trotzdem sehr lebendig ist. Ich möchte an dieser Stelle nicht das gewaltige Organisationskorsett der katholischen Einrichtungen an den Pranger stellen. Doch sprechen Sie einmal mit Mitbrü-

dern, die aus anderen Ländern kommen, und sagen Sie denen, wie viele Menschen zum Beispiel in deutschen Ordinariaten oder anderen kirchlichen Organisationen angestellt sind, dann ernten Sie wenigstens ein staunendes Stirnrunzeln. Das können die gar nicht glauben. Das viele Geld ermöglicht vieles, birgt in sich aber immer Erstickungsgefahr. Natürlich muss das Vermögen gut verwaltet werden. Das Geld gehört nicht dem Bischof, nicht dem Domkapitel, nicht einer Stiftung! Diese haben die hohe Verantwortung, dass das Geld im Sinne des kirchlichen Verkündigungsauftrags treuhänderisch verwendet wird.

Und trotzdem gilt der Satz von Papst Benedikt, die Kirche müsse auf ihre Güter verzichten, um ihr Gut zu bewahren.
Wenn die Güter letztlich dem Gut – dem Glauben – entgegenstehen, dann gibt es nur eine Möglichkeit: Dann muss man sich davon befreien. Die vollen Kassen und die leeren Kirchen, diese Schere ist fürchterlich, das kann nicht mehr lange gut gehen. Wenn die Kassen klingeln und die Kirchenbänke immer leerer werden, dann kommt es eines Tages zu einer Implosion. Eine leere Kirche kann nicht für vollgenommen werden! Wem ist gedient, wenn eine Diözese superreich ist, aber der Glaube nach und nach versickert? Sind wir so säkularisiert, dass der Glaube kaum mehr eine Rolle spielt oder gar als Ballast angesehen wird? Ballast wirft man ab, wenn man ihn nicht mehr braucht. Sind wir nicht mehr in der Lage, den Glauben so zu verkünden, dass die Menschen spüren, dass er etwas Großartiges, etwas Schönes ist, das das Leben bereichert und vertieft?

Wenn es um die Besetzung vakanter Bischofssitze in Deutschland geht, fällt immer wieder Ihr Name. In der Gerüchteküche sind Sie immer der Topfavorit. Könnten Sie sich denn so eine Aufgabe noch vorstellen?

Man bringt Topfavoriten ins Rennen, um sie zu verbrennen. Das ist doch der eigentliche Grund, diese zu nominieren: ein durchschaubares Spiel. Ich habe hier und jetzt zwei wichtige Aufgaben zu erfüllen, bin Präfekt des Päpstlichen Hauses und Sekretär des emeritierten Papstes, dem ich bei seiner Wahl Treue bis zu seinem letzten Tag versprochen habe. Daran hat natürlich auch sein Amtsverzicht nichts geändert. Nun zu den vakanten Bischofssitzen Folgendes: In Deutschland, außer in Bayern, wo eine etwas andere Regelung gilt, wählt das Domkapitel den Bischof aus einer Liste von drei Personen. Glauben Sie, dass ein Kapitel, sollte jemals mein Name dort erscheinen, mich wählen würde? Wohl kaum. Das tut mir auch gar nicht weh. Unfair ist aber, dass von interessierter Seite dieses Spiel immer von Neuem wiederholt wird.

Als langjähriger Mitarbeiter der Glaubenskongregation, als Sekretär von Kardinal Ratzinger und Papst Benedikt trage ich offensichtlich ein „Kainsmal". Ich bin nach außen eindeutig „identifizierbar". In der Tat ist das so: Ich habe aus meinen Überzeugungen nie einen Hehl gemacht. Es ist irgendwie gelungen, mich in der Öffentlichkeit als Rechtsaußen oder Hardliner abzustempeln, ohne dafür jemals konkrete Beispiele zu nennen. Wenn es daran liegen sollte, dass ich nicht verklausuliert, sondern Klartext rede, dann muss ich sagen: Ja, das stimmt. Dazu stehe ich. Jetzt und auch künftig. Die Domkapitel sind ja auch nicht gerade Ansammlungen höchster Loyalität Rom gegenüber. Irgendwelche Ambitionen, einen deutschen Bischofssitz einzunehmen, habe ich nicht.

Sie haben doch bei den Laien in Deutschland ein viel positiveres Bild. Sie sind populär. In den Medien werden Sie das Etikett eines „George Clooney des Vatikans" nicht mehr los, eines Top-Sympathieträgers des internationalen Kinos.

Das hat mir wohl eher nicht genützt, im Gegenteil. Das kirchliche Establishment hat von mir ein negatives Bild. Zu deren Lieblingen gehöre ich nicht.

Haben Sie noch Zeit für Hobbies?
Ich nehme mir, so gut es geht, Zeit für die Berge. Einmal im Monat muss ich raus. Dann gehe ich mit ein paar Mitbrüdern in die Abruzzen. Seit drei Jahren schiebe ich vor mir her, dass ich wieder zum Tennisschläger greife. Bisher ohne Erfolg. Lesen kommt zu kurz, Musik kommt zu kurz. Wenn möglich, gehe ich zu Fuß zur Arbeit. Die Berge tun not, das ist eine Außen- wie Innenreinigung.

Stimmt es, dass Sie Bayern München-Fan sind?
Das stimmt. Seit ich vier Jahre alt bin. Aber auch der heimatliche SC Freiburg hat sich in jüngerer Zeit in mein Fußballherz eingenistet. Für diese Mannschaft habe ich große Sympathie.

Blicken Sie doch bitte für einen Moment einmal auch auf die katholische Kirche in Deutschland wie auf eine Fußballmannschaft, auf Ihre Mannschaft eben. Welche Kritik käme Ihnen da zuerst in den Sinn?
In dieser Mannschaft hapert es im Sturm. Da wird im Mittelfeld eher Standfußball gespielt, man schiebt sich die Bälle gegenseitig zu; es fehlt der Spielfluss, Hauptsache risikofrei. So lässt sich heute kein Spiel mehr gewinnen.

Haben Sie gemeinsam mit Papst Franziskus das WM-Endspiel Argentinien – Deutschland gesehen?
(Flüstert): Er hat es sich nicht angeschaut. Er wollte nicht.

VERKÜNDIGUNG HEUTE
Über die Evangelisierung

10. September 2016:
Vortrag in Altötting

Soll ein Bischof ein Doktorat in Theologie oder in Kirchenrecht gemacht haben? Eine wunderliche Frage! Sie stammt nicht von einem modernen Katholiken, der sich eine heute nicht selten anzutreffende Aversion gegen alles Rechtliche in der Kirche angeeignet hat. Diese Frage hat der große Kommentator des heiligen Thomas von Aquin im 16. Jahrhundert und ein wichtiger Kontrahent Martin Luthers in den Auseinandersetzungen der Reformationszeit gestellt, nämlich Kardinal Cajetan. Und er hat darauf eine überraschende, aber hellsichtige Antwort gegeben. Zunächst referierte er eine damals weitverbreitete Position: „Zu dieser Frage sagen einige Folgendes: Wenn auch den Bischöfen in alter Zeit theologisches Wissen eher anstand als rechtliches Wissen, weil man damals gegen die Ketzer mit dem Schwert der Theologie vorgehen musste, so empfiehlt es sich heute eher, dass die Bischöfe rechtskundig sind, weil mehr Fragen auftauchen, die das Recht betreffen als solche, die den Glauben betreffen."

Kardinal Cajetans Urteil über diese Auffassung ist unmissverständlich: „Die Vertreter dieser Meinung irren sich gründlich. Schon deswegen, weil das Amt der Bischöfe, das ihnen bei der Weihe auferlegt wird, die Predigt ist. Gegenstand der Predigt ist aber nicht das Recht, sondern die frohe Botschaft, da der Herr sagt: ‚Geht hinaus in die ganze Welt und verkündet das Evangelium allen Geschöpfen‘ (Mk 16,15); darunter wird die Heilige Schrift verstanden, die wahrhaftig und eigentlich theologisches Wissen ist.‘‘

Kardinal Cajetan vertrat entschieden die Überzeugung, dass die Bischöfe zu allen Zeiten verpflichtet sind, Theologen zu sein, weil sie in erster Linie Prediger sind und im Dienst am Wort Gottes stehen. Kurz und bündig: Die Verkündigung des Wortes Gottes muss im Leben und Wirken der Bischöfe und Priester immer und überall den Vorrang haben. Das ist nicht nur die Auffassung von Kardinal Cajetan im 16. Jahrhundert, es ist auch die Überzeugung von Papst Benedikt XVI. – fast ein halbes Jahrtausend später: „Die ganze Welt mit der Schönheit des Evangeliums bekannt zu machen, indem sie Jesus Christus als wahren Gott und wahren Menschen verkündet‘‘, das ist und bleibt die hohe Pflicht und der hohe Auftrag der Kirche zu allen Zeiten, so Benedikt XVI. in seinem Apostolischen Schreiben zur Errichtung des Päpstlichen Rates zur Förderung der Neuevangelisierung im Jahre 2010.

An diesem großen Auftrag mitzuwirken, sind alle Getauften berufen, denen das unschätzbare Geschenk des Glaubens zuteilgeworden ist und die deshalb in sich den sehnlichen Wunsch spüren, dieses kostbare Geschenk weiterzugeben und mit anderen Menschen zu teilen.

Die Evangelisierung ist in besonderer Weise dem geweihten Amt in der Kirche aufgetragen, das in der Nachfolge der Apostel steht, die die Botschaft Jesu Christi in die Welt getragen haben. Ihre Sendung muss auch heute weitergehen. Denn es wäre kein Zeichen eines dankbaren Glaubens, würde man annehmen, der Auftrag zur Evangelisierung habe sich nur bis zu den Aposteln erstreckt und mit ihnen habe sich die Quelle der Gnade Gottes erschöpft. Demgegenüber hat der heilige Augustinus entschieden betont, dass sich die Quelle der Gnade Gottes nur offenbare, wenn sie fließe, nicht hingegen, wenn sie aufhöre zu strömen: „Auf diese Weise erreichte die Gnade durch die Apostel auch andere, die ausgesandt wurden, das Evangelium zu verkünden … ja, sie hat bis in diese letzten Tage den gesamten Leib seines eingeborenen Sohnes genährt, also seine über die ganze Erde verbreitete Kirche."

Daraus folgt, dass die Verkündigung des Wortes Gottes im Leben und Wirken der Bischöfe und Priester die elementare Voraussetzung ist für das Voranbringen der Neuevangelisierung. Das gilt aber auch und gerade in der pastoralen Situation der Kirche heute – und zwar aus drei Gründen.

Erstens: Der Auftrag der Verkündigung des Wortes Gottes muss in einer Welt wahrgenommen werden, in der wir von Wörtern geradezu überschwemmt werden und die Wörter der Inflation anheimgegeben sind, sodass wir immer wieder zu sagen pflegen: „Dies sind nichts als Worte." Die Zahl der Worte hat in der heutigen Welt unermesslich zugenommen; aber ihr Wert ist ebenso unermesslich abgesunken. Bei dieser Wortinflation besteht die große Gefahr, dass auch jene Wörter, die im Mittelpunkt der christlichen Verkündigung stehen, als bloße Wörter vernommen werden, die nichts mehr kosten. Damit verbunden ist die Versuchung, sich statt am Wort Gottes zu orientieren, auf menschliche Wörter zu setzen und damit jener Krankheit zu verfallen, die ein bekannter Theologe einmal als „Wortdurchfall" bezeichnet hat. Von daher will es manchmal nur noch schwer gelingen, in den vielen Wörtern des täglichen Lebens das eine Wort herauszuhören, das das Wort Gottes ist. Die Kirche erscheint dann nur noch als

Gemeinschaft menschlicher Wörter und nicht mehr als Kirche des Wortes Gottes.

In dieser Situation sind die Verkünder des Wortes Gottes berufen und verpflichtet, mit ihrem ganzen Wirken und zuvor mit ihrer eigenen Existenz zu dokumentieren, dass es im Leben der Menschen nicht einfach um Wörter geht, sondern um das „Wort des ewigen Lebens" (Joh 6,68).

Auf diese gewichtige Bedeutung weist bereits der ursprüngliche Sinn des Wortes „Evangelium" hin. Damals, als mit Jesus Christus das Evangelium in die Welt gekommen ist, hatte es keineswegs den etwas niedlichen und harmlosen Klang, den wir heute aus ihm herauszuhören pflegen, wenn wir beispielsweise von der „Guten Nachricht" sprechen. Das Wort „Evangelium" war in der Zeit Jesu vielmehr ein elementar politisches Wort und gehörte zur „politischen Theologie" von damals. Als „Evangelium" wurden nämlich alle Erlasse des Kaisers bezeichnet – und zwar selbst im schlechtesten Fall, in dem sie für die Betroffenen keine „gute Nachricht" enthielten. „Evangelium" hieß – einfach übersetzt – Kaiserbotschaft. Frohe Botschaft war sie nicht in erster Linie wegen des Inhalts, sondern weil sie vom Kaiser und damit von jenem Menschen stammt, der – angeblich – die Welt in Händen hält.

In diesem gewichtigen Sinn ist auch Jesu Botschaft Evangelium. Freilich nicht, weil uns diese Botschaft auf Anhieb gefällt oder weil sie bequem oder vergnüglich wäre, sondern weil sie von dem kommt, der sich nicht mehr wie der Kaiser anmaßt, Gott zu sein und daher seine Botschaften als Evangelien zu deklarieren, der vielmehr der Sohn Gottes selbst ist und in seinem Evangelium den Schlüssel zur Wahrheit und damit zur wahren Freude hat. Auch wenn uns Christen die Wahrheit des Evangeliums nicht allzeit als bequem erscheint – und in der Tat auch nicht ist –, so ist es doch nur seine Wahrheit, die frei und froh macht, weil in diesem Wort der Königsbotschaft das Wort des ewigen Lebens ertönt.

Die Kirche steht im Dienst der Verkündigung des Wortes Gottes als Wort des Lebens für die Menschen. Diese Fokussierung ihrer Sendung auf das Weitergeben des Wortes Gottes drängt sich auch aus einem zweiten Grund auf. Eine der großen Herausforderungen, die sich in der heutigen pastoralen Situation stellt, besteht darin, dass die Weitergabe des Glaubens an die kommende Generation zur Überlebensfrage des Christentums geworden ist. Wir müssen immer mehr die Erfahrung machen, dass selbst die geschichtlich gewachsenen traditionellen Wege der Glaubensweitergabe und der Hinführung zum Glauben und kirchlichen Leben und die damit verbundenen Lernorte des Glaubens – Familie und Pfarrei, Religionsunterricht und Schule – zunehmend schwächer werden und ganz ausfallen. Nicht nur findet in vielen Familien die Primärsozialisation im kirchlichen Leben nicht mehr statt, sondern auch in der Schule wird die Weitergabe des Glaubens zunehmend prekärer; und selbst der Religionsunterricht, der immer nur subsidiär zu wirken vermag, kann nur mehr auf bereits vorhandenen Glaubensgrundlagen aufbauen.

Trotz dieser gravierenden Veränderungen steht heute noch immer im dominierenden Mittelpunkt der pastoralen Arbeit die Sakramentalisierung des menschlichen Lebens und gerade nicht die Evangelisierung, die in einer missionarischen Situation zweifellos die entscheidende Leitperspektive der kirchlichen Pastoral sein müsste. Dieser Situation kann die Kirche nur entsprechen, wenn die herkömmliche Pastoral ihre ursprüngliche, nämlich evangelisierende Dimension zurückgewinnt. Es wird zu Recht betont, dass die traditionelle Kategorie des „praktizierenden Katholiken" in der heutigen kirchlichen Situation kaum mehr aussagekräftig ist, jedenfalls nur noch auf eine kleine Minderheit zutrifft, dass die Mehrheit vielmehr als „Pilger" und „Konvertiten" zu betrachten sind. Dies sind Menschen, die nicht einfach Christen sind, sondern auf dem Weg, Christen zu werden. Pilger und Konvertiten sind noch nicht überzeugte Christen, es sind Menschen, die sich auf der Suche nach ihren Lebensüberzeugungen befinden und nur Christen werden in der Begegnung mit überzeugten christlichen Persönlichkeiten und christlichen Gemeinschaften.

In dieser weithin diffus gewordenen Situation muss die Kirche von der „pastoralen Prävalenz des Wortes vor dem Sakrament" ausgehen. Damit ist ein „pastoraler Paradigmenwechsel" angesagt. Und zwar dahingehend, dass nicht mehr, wie in den vergangenen Jahrhunderten einer volkskirchlichen Situation, eine flächendeckende Sakramentenversorgung die dominierende Leitlinie der Pastoral sein kann, sondern dass an deren Stelle und zugleich als Voraussetzung für die Sakramentenpastoral vielmehr die „pastorale Priorität der Evangelisierung" und damit der Weitergabe des Glaubens treten muss.

Damit tritt ein dritter Grund in der heutigen pastoralen Situation vor Augen: der Priestermangel. Der Priestermangel, der in unseren Breitengraden alarmierende Ausmaße angenommen hat, führt immer mehr dazu, dass der Priester die besondere Priorität seiner Sendung nicht im Dienst am Evangelium erblickt, sondern sein Wirken stets mehr auf die Feier der Sakramente, vor allem der Eucharistie, konzentriert ist, während demgegenüber der Dienst am Wort Gottes vornehmlich an andere Dienste in der Kirche delegiert wird, und zwar bis hin zur Predigttätigkeit in der Eucharistiefeier, wie dies in einzelnen Diözesen der Fall ist.

Diese Praxis bietet dann kein Problem, wenn man die Predigt in der Eucharistiefeier unter rein funktionalen Gesichtspunkten betrachtet. Sie wird aber dann zum Problem, wenn man der Weisung der Liturgiekonstitution des Zweiten Vatikanischen Konzils folgt, die die Homilie in der Eucharistiefeier als „Teil der liturgischen Handlung" qualifiziert hat. Wenn nämlich die Homilie nicht einfach eine Unterbrechung der Liturgie mit einem eigenen Redeteil ist, sondern ins sakramentale Geschehen selbst hineingehört, dann ist sie wesentlich an den geweihten Amtsträger gebunden, der das Wort Gottes in die feiernde Gemeinde hineinträgt, auch in der Verkündigung des Wortes Christus repräsentiert und das verkündete Wort Gottes anschließend mit dem Opfer Christi verbindet, das im eucharistischen Hochgebet dem dreifaltigen Gott dargebracht wird. Nicht zuletzt aus diesem Grund ist in der heutigen pastoralen Situation die Rückbesinnung der Bischöfe und Priester auf ihre primäre Sendung der Verkündigung des Evangeliums besonders gefordert.

Bei einem derart grundlegenden Thema erhebt sich natürlich unweigerlich die Frage, was unter „Wort Gottes" konkret zu verstehen ist. Ein auch nur summarischer Blick in die heutige theologische Landschaft zeigt, dass sich zwei verschiedene Antwortrichtungen einander gegenüberstehen. Die eine Seite pflegt das Wort Gottes sogleich mit der Heiligen Schrift zu identifizieren, woraus sich sehr schnell eine gewisse Vereinseitigung des Wortes und in der Folge das reformatorische Prinzip des „sola scriptura" (lat. allein die Schrift) ergeben. Die andere Seite geht demgegenüber von einem umfassenderen Verständnis aus und betont, dass das Wort Gottes in erster Linie nicht nur Schrift, sondern personale Wirklichkeit ist, dass nämlich Jesus Christus selbst das lebendige Wort Gottes ist. In diesem grundlegenden Sinn geht das Wort Gottes der Heiligen Schrift voraus und ist in erster Linie eine Person, nämlich der Fleisch gewordene Sohn Gottes. In ihm hat sich

Gott selbst offenbart; und diese Offenbarung hat ihre authentische Bezeugung in der Heiligen Schrift gefunden.

Dem Apostolischen Schreiben Benedikts XVI. über das Wort Gottes „Verbum Domini" liegt eindeutig die zweite Positionsbestimmung zugrunde. Wenn demgemäß Gottes Offenbarung in seinem Wort nicht einfach mit der Heiligen Schrift identisch ist, dann ist unter ihr jedenfalls mehr zu verstehen als das Geschriebene. Gottes Offenbarung liegt vielmehr der Heiligen Schrift voraus „und schlägt sich in ihr nieder, ist aber nicht einfach mit ihr identisch".

Denn „Offenbarung" bezeichnet das Handeln Gottes, der sich in der Geschichte zeigt. Sie ist ein lebendiges, personales und gemeinschaftliches Geschehen und kann erst zur Vollendung kommen, wenn sie bei ihrem Adressaten gläubige Annahme findet. Weil eine Offenbarung, die nicht angenommen wird, auch niemandem offenbar werden kann, gehört zum Begriff der Offenbarung immer auch das sie empfangende Subjekt, „ein Jemand, der ihrer inne wird". Demgemäß hat die Offenbarung Gottes eine konkrete Zielrichtung: Sie zielt auf das empfangsbereite Hören des Wortes Gottes.

Die Konsequenzen, die sich aus diesem Verständnis für die Neuevangelisierung ergeben, sind von großer Bedeutung. Denn die Hervorhebung der besonderen Würde des Wortes Gottes als Person stellt eine wichtige Leitmarke im interreligiösen Dialog dar. Im allgemeinen Trend von heute, in dem die verschiedenen Religionen als gleichermaßen gültige Beziehungen der Menschen zu Gott betrachtet werden, pflegt man auch unumwunden von den Heiligen Schriften zu reden. An dieser Sprachregelung ist gewiss viel Wahres. In Vergessenheit droht freilich zu geraten, dass das Christentum nicht – wie beispielsweise das Judentum und in anderer Weise der Islam – eine Buchreligion ist, sondern eine innere Freundschaftsbeziehung mit Jesus Christus als dem lebendigen Wort Gottes, ohne die letztlich auch das Papier der Heiligen Schrift wirkungslos bliebe. Das Spezifische lässt sich in der zentralen Aussage verdichten: „Das Christentum hat eine Heilige Schrift, ist aber keine Buchreligion. Im Mittelpunkt des Christentums steht der Gottmensch: Jesus Christus. Durch ihn wird das Menschliche mit dem Göttlichen verbunden und Gott mit dem Menschen."

Die analoge Verwendung des Begriffs „Wort Gottes" bringt eine bis heute bestehende Grunddifferenz zwischen der katholischen Kirche und den aus der Reformation hervorgegangenen kirchlichen Gemeinschaften zum Ausdruck: Die reformatorische Theologie definiert die Kirche allein vom „pure et recte" (lat. rein und richtig) verkündeten Wort Gottes und der evangeliumsgemäßen Verwaltung der Sakramente her und fasst das Wort Gottes als eine der Kirche gegenüberstehende Größe und als Korrektiv des kirchlichen Amtes auf. Gegenüber dieser Auffassung des Wortes Gottes bezeichnet die katholische Kirche das Amt nicht nur als ein wichtiges Kriterium des Kircheseins, sondern betrachtet vor allem Gottes Wort und Kirche in wechselseitiger Bezogenheit: „Sie kennt nicht ein der Kirche gegenüberstehendes selbstständiges Wort, sondern das Wort lebt in der Kirche, wie die Kirche vom Wort lebt – eine Relation gegenseitiger Abhängigkeit und Beziehung."

Weil der einzelne Christ nicht aus seinem Eigenen, sondern nur mit der ganzen Kirche mitglaubend glaubt und weil das „Ich" des Credo das „Wir" der Kirche ist, ist das Volk Gottes der eigentliche Adressat der Offenbarung Gottes und ihrer authentischen Artikulation in der Heiligen Schrift. Dies zeigt sich bereits an dem grundlegenden Sachverhalt, dass schon das Entstehen der Heiligen Schrift ein Ausdruck des Glaubens der Kirche und die Heilige Schrift ein Buch der Kirche ist, das aus der kirchlichen Überlieferung hervorgegangen ist und durch sie weitergegeben wird, sodass das Werden der Schrift und das Werden der Kirche als ein einziges Geschehen zu betrachten ist.

Ohne die Kirche könnte man gar nicht von „Heiliger Schrift" reden. Ohne die Kirche wäre sie nichts anderes als eine historische Sammlung von Schriften, deren Entstehung sich durch ein ganzes Jahrtausend hindurchgezogen hat. Aus dieser Literatursammlung ist die Bibel als „ein Buch", und zwar als „Heilige Schrift" mit Altem und Neuem Testament, erst und nur durch das in der Geschichte wandernde Volk Gottes geworden: „Die Heilige Schrift ist nicht ein Paket von 73 Büchern, das nachträglich zusammengeschnürt worden ist, sondern sie ist gewachsen wie ein Baum. Am Ende wurden in diesen Baum noch einmal ganz neue Zweige eingepfropft: das Neue Testament. Aber auch diese Zweige nähren sich von dem Saft des einen Baums und werden von seinem Stamm getragen."

Wenn wir diesem Sachverhalt Rechnung tragen, können wir nicht einfach einzelne Bücher der Heiligen Schrift isoliert für sich betrachten; wir müssen die Heilige Schrift vielmehr gleichsam als „Fortsetzungsroman" der „Erfolgsautorin", genannt Kirche, lesen.

Die Heilige Schrift im Sinne der Zusammenfügung der verschiedenen Schriften ist das Werk der kirchlichen Überlieferung, zu der gerade bei diesem Prozess als konstitutives Element die herausragende Bedeutung des römischen Bischofsstuhles gehört hat. Insofern lässt sich auch historisch zeigen, dass die Anerkennung Roms als „Kriterium des rechten apostolischen Glaubens" älter ist als der Kanon des Neuen Testaments, als „die Schrift". Ein katholischer Ökumeniker hat von daher das protestantische Schriftprinzip im Sinne des „sola scriptura" mit Recht als „das ökumenische Kernproblem" diagnostiziert, weil es faktisch auf einer frühkirchlichen Entscheidung beruht und eine solche theoretisch doch gerade ausschließen will. Diese Paradoxie bringt es an den Tag, dass die Kirche als Schöpferin, Überlieferin und Auslegerin des biblischen Kanons nicht umschifft werden kann, wie es reformierte Theologie und teilweise auch katholische Exegeten zu tun pflegen.

Die Heilige Schrift ist und bleibt nur ein lebendiges Buch mit dem Volk Gottes als jenem Subjekt, das es empfängt und sich aneignet. Und umgekehrt kann dieses Volk Gottes ohne die Heilige Schrift gar nicht existieren, weil es in ihr seine Lebensgrundlage, seine Berufung und seine Identität findet. Von daher versteht es sich auch von selbst, dass der Lebensraum, in dem das Volk Gottes dem Wort Gottes in der Heiligen Schrift in besonderer Weise begegnet, der Gottesdienst der Kirche ist. Die Liturgie ist der bevorzugte Ort, an dem das Wort Gottes verkündet wird. „Jeder Gottesdienst ist von seinem Wesen her von der Heiligen Schrift durchdrungen." So betont es ausdrücklich Benedikt XVI. in seinem bereits genannten Apostolischen Schreiben „Verbum Domini".

Da der Gottesdienst der wichtigste Ort ist, an dem das Wort Gottes verkündet und der Glaube bekannt wird, gehört die Liturgie zu den Grundvollzügen der Kirche und stellt einen wichtigen Ort dar, den die kirchliche Tradition mit der Weisheit zum Ausdruck gebracht hat, dass das Gesetz des Betens auch das Gesetz des Glaubens ist: „lex orandi – lex credendi".

Das Wort Gottes, das im Gottesdienst der Kirche verkündet wird, findet seine primäre Gestalt im Zeugen. Da es in der Kirche nicht nur die Gemeinschaft der von Gott gewirkten Geschichte seines Volkes gibt, sondern auch die persönliche Verantwortung, gehören Wort Gottes und persönlicher Zeuge zueinander, und zwar in dem Sinn, dass nicht nur der

Zeuge vom Wort Gottes her und für das Wort Gottes lebt, sondern auch das Wort Gottes durch den persönlich verantwortlichen Zeugen lebt: „Das Bekenntnis gibt es nur als persönlich verantwortetes und daher ist das Bekenntnis an die Person gebunden." Aufgrund dieser martyrologischen Dimension des Glaubens hat sich in der frühen Kirche die Überzeugung von der apostolischen Sukzession im Bischofsamt herausgebildet, das im Dienst der treuen Überlieferung des Wortes Gottes und der apostolischen Tradition steht. Die Herausbildung, die theologische Begründung und die institutionelle Stärkung des Bischofsamtes sind als eines der wichtigsten Ergebnisse der nachapostolischen Entwicklung zu verstehen. Sie dokumentiert die erstaunliche Tatsache, dass es bereits kurze Zeit nach dem Tod der Apostel – im Westen wie im Osten – nur noch eine, nämlich die bischöfliche Ordnung der kirchlichen Ämter gegeben hat, und vor allem, dass die Verkündigung des Wortes Gottes und seine authentische Auslegung an das Bischofsamt gebunden sind.

Der Kanon der Heiligen Schrift, das Glaubensbekenntnis, der Gottesdienst und die apostolische Sukzession im Bischofsamt sind die vier Grundgegebenheiten der frühen Kirche. Sie verdeutlichen, dass man die Heilige Schrift nicht aus dem Gesamtgefüge des kirchlichen Glaubenslebens herauslösen kann, sondern dass sie in diesem Kontext zu interpretieren ist. Dafür Sorge zu tragen, ist die besondere und indiskutable Aufgabe des kirchlichen Lehramtes. Seine Verantwortung liegt darin, in der Kirche die Unversehrtheit, die Identität und Integrität der Heiligen Schrift zu garantieren und dafür zu sorgen, dass die Auslegung der Heiligen Schrift im Dienst des Glaubens der Kirche und seiner Verkündigung geschieht.

Die Begegnung mit der Heiligen Schrift ist immer auch ein geistliches Geschehen und damit wirkliche Begegnung mit dem „Wort des lebendigen Gottes". Hier leuchtet der tiefste Grund auf, weshalb bereits schon ein Theologe im 5. Jahrhundert die Verfasser der biblischen Schriften selbst als „Theologen" im strengen Sinn des Wortes bezeichnet hat. Denn sie sind Menschen gewesen, die nicht aus ihrem Eigenen heraus geredet, sondern sich Gott so geöffnet haben, dass er selbst durch ihr Wort zu den Menschen sprechen kann. In einem ähnlichen Sinn verdienen auch heute getaufte Menschen umso mehr die Ehrenbezeichnung „Theologen", als im Menschenwort Gottes Wort durchklingen kann. Dies bedeutet, dass der Theologe zunächst ein hörender, ein glaubender und betender Mensch sein muss, der Gott reden lässt und ihm zuhört, um aus diesem Schweigen heraus glaubwürdig von Gott sprechen zu können. Dies ist allerdings nur möglich, wenn wir dem Wort Gottes in der Heiligen Schrift nicht nur als einem Wort der Vergangenheit begegnen, mit dem man sich intellektuell beschäftigen kann, sondern als Wort der Gegenwart, das in unser Leben hineinspricht und unser Herz berührt. Nur wer als Theologe gegenüber dem Wort Gottes gehorsam ist und nicht einfach den Beifall der Leute sucht, kann Überbringer der Wahrheit Gottes sein und Diener der Neuevangelisierung.

Die Theologie ist folglich erst in ihrem Element, wenn sie nicht nur intellektuelle Kenntnisse, sondern einen intelligenten Glauben selbst vermittelt, „sodass Glaube Intelligenz und Intelligenz Glaube" wird. Diese Brückenbau-Funktion zwischen Vernunft und Glaube muss die Theologie in der heutigen kirchlichen Situation gerade im Blick auf die Neuevangelisierung mit besonderem Ernst wahrnehmen, da vielen Getauften in der Zwischenzeit nicht nur die Glaubenssprache der Kirche, sondern auch die Welt der Bibel fremd geworden ist.

Die Menschen werden in der Bibel letztlich nur das finden, was sie in ihr suchen: Wenn sie in ihr nichts suchen, werden sie in ihr auch nichts finden. Wenn sie in ihr nur nach historischen Gegebenheiten suchen, werden sie auch nur Historisches finden. Wenn sie in ihr Gott suchen, werden sie ihn finden, wie ein Dichter einmal mit Recht festgestellt hat: „Mit Fug nennt man die Bibel auch die Heilige Schrift; wer seinen Gott verloren hat, der kann ihn in diesem Buche wiederfinden, und wer ihn nie gekannt, dem weht hier entgegen der Odem des göttlichen Wortes."

Angesichts dieser großen Herausforderung ist die Neuevangelisierung nicht Kür, sondern Pflicht. Dazu gehört nicht nur die Entfaltung einer tragfähigen Theologie des Wortes Gottes, sondern auch die Erkundung neuer Zugangswege zum Wort Gottes, damit es den Menschen als ein Wort der Gegenwart begegnet, in dem Christus selbst zum Menschen heute spricht. Denn er, Jesus Christus, ist das lebendige Wort Gottes. Die Frage nach dem richtigen Verständnis der Heiligen Schrift und die Christusfrage hängen aufs Engste zusammen, wie dies der heilige Hieronymus, der große Exeget der Kirchenväterzeit, mit der prägnanten Formel zum Ausdruck gebracht hat: „Wer die Schriften nicht kennt, kennt weder die Macht Gottes noch seine Weisheit. Die Schrift nicht kennen heißt, Christus nicht kennen."

Um Christus zu kennen, muss man sich mit der Heiligen Schrift abgeben und sich mit ihr vertraut machen. Und umgekehrt bleibt ohne persönliche Begegnung mit Christus auch das heilige Papier der Schrift profan und sprachlos. Es beginnt nur zu sprechen, wenn man in einer Freundschaftsbeziehung zu Christus in der Glaubensgemeinschaft der Kirche lebt.

Zur Nachfolge Jesu anleiten kann nur derjenige, der selbst in dieser Nachfolge lebt. Sonst wären die Verkünder des Wortes Gottes, wie Augustinus einmal hellsichtig gemeint hat, mit Wegweisern zu vergleichen, die bekanntlich den Weg zeigen, ihn aber selbst nicht gehen. Damit leuchtet auch der existenzielle Ernstfall des Verkündigers auf. Den Menschen, die ihm in seiner Verkündigung anvertraut sind, kann er das Wort Gottes nur zumuten, wenn er es sich selbst zumutet, und zwar auch und gerade dann, wenn es als schwer verdaubar erscheint. Dieses Empfinden hatten freilich bereits die Jünger Jesu, die angesichts seiner Verkündigung in eine tiefe Krise geraten sind. Nach der großen Rede Jesu in Kafarnaum über das Himmelsbrot hatten selbst die Jünger den Eindruck, dass seine Worte hart sind: „Was er sagt, ist unerträglich. Wer kann das anhören?" (Joh 6,60). Jesus aber unternahm nicht den leisesten Versuch, die enttäuschten Jünger in, wie es heute gerne heißt, kundenfreundlicher Art und Weise mit dem Angebot einer bequemeren Auslegung des Wortes Gottes bei sich zu halten. Er stellt im Gegenteil seinen Jüngern nur eine, aber alles entscheidende Frage: „Wollt auch ihr weggehen?" In diesem Moment spürt Petrus den hohen Anspruch Jesu, dass in seiner Nachfolge stehen nicht einfach eine billige Zugabe zum Alltag ist, die nichts kostet, dass der Herr vielmehr eine kostbare Nachfolge erwartet. Wir kennen die Antwort des Petrus: „Herr, zu wem sollten wir gehen? Du hast Worte des ewigen Lebens. Wir sind zum Glauben gekommen und haben erkannt: Du bist der Heilige Gottes" (Joh 6,68f.). Petrus war dessen innegeworden, dass es zum Evangelium Jesu Christi schlechterdings keine Alternative gibt.

Dieser Einsicht kann man in der Kirchengeschichte immer wieder begegnen. In krisenhaften Situationen hat sich die Kirche stets darauf zurückbesonnen, dass der Verkündigung des Wortes Gottes im Leben der Kirche der Primat zukommen muss. Denken wir nur an die beiden Gründer der Bettelorden, den heiligen Franziskus und den heiligen Dominikus. Beide wollten in erster Linie nicht neue Orden gründen, sondern die Kirche von Grund auf, nämlich vom Evangelium her, erneuern. Sie wollten das Evangelium wörtlich leben, und zwar in Gemeinschaft mit der Kirche und dem Papst. Indem sie auf diese Weise das Volk Gottes von innen her erneuern konnten, haben sie der Kirche bleibend ins Stammbuch geschrieben, dass die echten Reformatoren der Kirche die von Gottes Wort erleuchteten und geführten Heiligen sind.

Den Primat des Wortes Gottes in der Sendung des Bischofs und Priesters in den Mittelpunkt zu rücken, ist ein zentrales Anliegen von Benedikt XVI. gewesen. Bereits in einer seiner ersten Homilien, die er als junger Priester bei einer Primizfeier im Jahre 1951 gehalten hat, hob er die Predigt als erste und wichtigste Aufgabe hervor. Als er im Jahre 1977 zum Erzbischof von München und Freising ernannt wurde, hat er als Wappenspruch das dem dritten Johannesbrief entnommene Wort „Cooperatores veritatis" (Mitarbeiter der Wahrheit) gewählt. In seiner Predigt bei seiner Amtseinführung als Papst im April 2005 hat er kein Regierungsprogramm im weltlichen Sinn vorgelegt, sondern eindringlich betont: „Das eigentliche Regierungsprogramm aber ist, nicht meinen Willen zu tun, nicht meine Ideen durchzusetzen, sondern gemeinsam mit der ganzen Kirche auf Wort und Wille des Herrn zu lauschen und mich von ihm führen zu lassen, damit er selbst die Kirche führe in dieser Stunde unserer Geschichte."

Mit der Gründung eines neuen Päpstlichen Rates zur Förderung der Neuevangelisierung im Jahre 2010 hat Benedikt XVI. dieses Grundanliegen konkretisiert und deutliche Akzente gesetzt.

Damit die Neuevangelisierung wirklich Fuß fassen und Feuer fangen kann, damit sie zur Herzmitte der Kirche wird, müssen die Bischöfe und Priester ihre primäre Aufgabe in der Verkündigung des Wortes Gottes erblicken und diesen Dienst mit ganzem Herzen wahrnehmen. Als glaubwürdige Stimme des Evangeliums können sie aber nur dann überzeugen, wenn sie sich selbst vom Wort Gottes treffen lassen und sich von ihm nähren. Sie müssen zunächst aufmerksame „Hörer" des Wortes sein, damit sie dann auch glaubwürdige „Diener" des Wortes sein können. Dies schulden sie allen Menschen, denen sie das Wort Gottes als „Wort des ewigen Lebens" (Joh 6,68) verkünden. Das göttliche Wort erfahrbar zu machen, ist denn auch das innerste Anliegen der Neuevangelisierung.

LETZTE GESPRÄCHE

12. September 2016:
Vorstellung von Peter Seewalds Buch „Letzte Gespräche"
mit Papst em. Benedikt XVI. im Münchner Literaturhaus

Genau heute vor 10 Jahren hielt Papst Benedikt XVI. – in genau dieser Stunde – in Regensburg eine Jahrhundertrede, als er in seiner alten Alma Mater aus einem Gespräch aus dem Jahr 1391 des byzantinischen Kaisers Manuel II. mit einem gebildeten Perser über das Christentum und den Islam und die Wahrheit zitierte. Im Nachhinein erscheint manchen die Rede als prophetisch, die damals allerdings auch einen ersten Aufruhr der islamischen Welt auslöste, wofür ihn die Journalisten des Westens fortan als „Professor Papst" verspotteten.

Doch heute feiert die katholische Kirche wie vor zehn Jahren auch noch das Fest *Mariä Namen* – in Erinnerung an den Sieg der christlichen Heere Europas in der Schlacht vom Kahlenberg vor Wien, wo sie am 12. September 1683 unter dem Pontifikat Papst Innozenz' XI. die osmanische Eroberung des Abendlands stoppten.

„An Mariä Namen sagt der Sommer Amen", sagte man lange im katholischen Deutschland, besonders auf dem Land, wo ich herkomme und aufgewachsen bin und wo der 12. September lange Zeit auch eine ganz praktische rechtliche Bedeutung hatte. Es war das Ende der Ernte und ab heute durften deshalb die Armen der Umgebung das liegen gebliebene Korn von den abgeernteten Feldern aufsammeln.

Und vielleicht trifft dieser letzte Aspekt ja am besten einen fast schon providenziellen Grund dieser Zusammenkunft, wo ich die Ehre habe, Peter Seewalds Buch „Letzte Gespräche" mit Benedikt XVI. vorzustellen, dem ich seit 2003 als Privatsekretär diene, und der dieses Buch nach seinem Amtsverzicht noch höchstpersönlich gegengelesen und genehmigt hat.

Da mag nun eine erste Klarstellung hilfreich sein. Diese „Letzten Gespräche" sind kein streitbarer „hard talk" im Stil der berühmten Serie der BBC und Peter Seewald hat erst gar nicht versucht, Benedikt XVI. journalistisch zu „grillen", wie es in der angelsächsischen Medienwelt genussvoll heißt. Vielmehr enthält das Buch die Aufzeichnung freundlicher Gespräche vor und nach dem Amtsverzicht des Papstes, in einem intensiven Abfragen der Erinnerung, wo zwei ganz unterschiedliche, doch durch und durch bayrische Seelen – das darf ich als Schwarzwälder wohl sagen – im Tonfall und von Herz zu Herz zueinanderfinden.

Neben einer Variation schon bekannter Details zu seinem Leben überraschen die Antworten des Papa emeritus deshalb diesmal durch eine ganz eigene und neue Intimität, in die das Buch den Leser mit hineinnimmt, und durch eine fast unverblümte Sprache, wenn wir hier etwa aus dem Mund des zurückgetretenen Papstes vom „großen Mundwerk" seines Widersachers Hans Küng erfahren oder – besonders heute und hier am Münchener Salvatorplatz – vom ehemaligen Erzbischof von München und Freising hören, wie er ohne Filter von den „Münchnern in ihrem bisserl Größenwahn" spricht, den sie seinem Empfinden nach „ja haben". Oder wo wir in einer anderen Sequenz plötzlich unvermittelt von der vorehelich geborenen Mutter Benedikts XVI. lesen, worüber die beiden freimütig sprechen.

Dieser zwanglose Ton verleiht dem Band eine bisweilen fast zauberhafte Leichtigkeit und ungezwungene Heiterkeit. Deshalb berührt es auch umso stärker, dass wir da – auf Seite 61 – einmal ebenso unvermittelt in Klammern lesen: „der Papst weint" –, bevor der alte Mann sich zu jener Abendstunde des 28. Februar 2013 äußert, als er über dem Geläut aller Glocken Roms im weißen Helikopter nach Castel Gandolfo entschwebte, in die Abendstunden seines Lebens hinein. Da „wusste ich", sagt er dann, dass er in diesem Moment „des Darüberschwebens und dabei die Glocken von Rom läuten zu hören, da wusste ich, dass ich danken darf und dass die Grundstimmung die Dankbarkeit ist. Das hat mich schon sehr bewegt."

Auf diesem Abflug saß ich ja neben ihm, selbst zutiefst erschüttert, wie jeder weiß, der diesen Abschied vor dem Bildschirm verfolgt hat. Und ich weiß, dass er im Gegensatz zu mir damals nicht weinte, wenn ich das hier verraten darf und ich habe die Glocken Roms unter uns auch selbst bis jetzt noch im Ohr auf jenem Schicksalsflug, bevor wir in seinem geliebten Castel Gandolfo landeten, wo er sich ein letztes Mal auf dem Balkon des Papstpalastes mit einem „buona sera" von den Menschen auf dem Platz und von allen Katholiken der Erde als Papst verabschiedete.

Doch ich muss ehrlicherweise gestehen, dass mir heute bei der Lektüre eher an jenen Stellen die Tränen kommen könnten, wenn ich in diesen Aufzeichnungen immer wieder lese, welch ein leidenschaftlicher Fußgänger und Wanderer der alte Papst doch zeit seines Lebens war. „Im Gehen war ich immer gut", sagt er an einer Stelle, „ich bin ja viel gewandert", an einer anderen, während ich heute doch vor allem vor Augen habe, wie der leidenschaftliche Wanderer von Tag zu Tag nur noch zu immer kleineren Schritten imstande ist. Seit vielen Monaten muss mir deshalb auch keiner mehr den guten Sinn seines Rücktritts von seinem überschweren Amt vor Augen führen. Denn das sehe ich ja jeden Tag mit meinen eigenen Augen, was meinem Verstand kein Buch besser erklären könnte.

Zeichnet dieser Band den Leserinnen und Lesern denn nun ein neues Bild der Person Benedikts XVI.?

Hier darf und muss ich mich natürlich ausnehmen, weil ich ihn ja, wie gesagt, täglich vor Augen habe und fast jeden Tag neue „letzte Gespräche" mit ihm führen darf. In den anekdotenreichen Hintergrundgesprächen Seewalds ist deshalb für mich auch vieles Ornament – wo aber die öffentliche Wahrnehmung der Person Benedikts XVI. dennoch um viele überraschende und aufschlussreiche Facetten bereichert wird – und zwar in einem oft auf gut bayrisch „ratschenden" Plauderton. In mehr als einer Hinsicht ergänzt und korrigiert dieses Buch die Kenntnis vieler Leser vom ersten Pontifikat des dritten Jahrtausends deshalb auf fast beiläufige Weise vielleicht entscheidend.

Da ist erstens das Wurzelgeflecht der Gründe und Motive und die genauen Umstände vom rätselhaften Amtsverzicht Benedikts. Zweitens sein Verhältnis zu seinem Nachfolger Franziskus. Drittens seine persönliche Sicht auf die verschiedenen Krisen und „Skandale" seines Pontifikats und nicht zuletzt die zutiefst menschliche Dimension des wohl letzten abendländischen Monarchen an der Spitze der katholischen Kirche, dem Macht nie etwas bedeutete und der als die „glücklichste Zeit" seines Lebens jene rund zwölf Monate bezeichnet, als er nach seiner Priesterweihe am 29. Juni 1951 ein Jahr lang als junger Kaplan in der Pfarrei Heiligblut in München arbeiten durfte.

Doch um mit dem Ersten zu beginnen:

Peter Seewald hat dem Heiligen Vater die berühmte QUO VADIS-Frage nie gestellt, also jenes legendäre „Wohin gehst du?", wie Christus selber Petrus fragte, als der Apostelfürst und Vorläufer aller Päpste über die Via Appia aus der brennenden Hauptstadt floh, die Kaiser Nero in Brand gesteckt hatte. Seewald hat auch nicht nach jener Passage aus der Antrittspredigt Benedikts vom 24. April 2005 gefragt, wo der neu gewählte Papst den Gläubigen zurief: „Betet für mich, damit ich vor den Wölfen nicht davonlaufe!"

Hier sehen wir, warum. Die Fragen hätten nirgends gepasst. Denn das macht der Papa emeritus immer wieder selber klar: Es war keine Flucht, Rom brannte nicht, es heulten keine Wölfe unter seinem Fenster und sein Haus war wohl bestellt, als er den Staffelstab zurück in die Hände des Kollegiums der „Herren Kardinäle" legte.

Oder in seinen eigenen Worten: „Ich bin überzeugt, dass es nicht eine Flucht war, schon gar nicht vor praktischem Druck, der nicht da war. Man darf nie weggehen, wenn es ein Davonlaufen ist. Man darf nie vor Pressionen weichen. Man darf nicht im Augenblick des Sturms davongehen, sondern muss dann standhalten. Man darf nur weggehen, wenn niemand es verlangt. Und niemand hat es verlangt zu meiner Zeit. Niemand. Mir war klar, dass ich es tun musste und dass dies der richtige Augenblick war. Es war für alle eine völlige Überraschung."

Der Arzt hatte ihm gesagt, er dürfe nicht mehr über den Atlantik fahren. Wegen der Fußballweltmeisterschaft war aber der nächste Weltjugendtag von 2014 auf 2013 vorgezogen worden. Sonst hätte er schon noch durchzuhalten versucht bis 2014. „Aber so wusste ich: Das schaffe ich nicht mehr. Und alle anderen „Dinge waren im Februar 2013 vollkommen bereinigt." So sah er da auch den Zeitpunkt gekommen, sich „von den bisherigen großen Menschenmengen zu lösen und mich in diese größere Intimität hineinzubegeben."

Es war, sagt er weiter: „aber auch keine innere Flucht vor dem Anspruch des Glaubens, der den Menschen ins Kreuz hineinführt. Der Schritt ist keine Flucht, sondern eben eine andere Weise, meinem Dienst treu zu bleiben."

Hat er den Rücktritt denn nur eine Minute bereut?

Die Antwort ist vehement: „Nein. Nein, nein. Ich sehe jeden Tag, dass es richtig war." Es gebe auch keinen Aspekt, den er nicht bedacht habe. Im Gegenteil. Alles sei nur besser gekommen, als er es planen konnte! Daher auch dies: „Als Gescheiterten kann ich mich nicht sehen. Ich habe acht Jahre meinen Dienst getan."

Und was ist an den vielen Verschwörungstheorien?, will Seewald wissen, die seit seinem Rücktritt nicht verstummen wollen. Erpressung? Verschwörung? Darauf hat der Papa emeritus nur eine Antwort, kurz angebunden: „Völliger Unsinn!" – In Wahrheit bleibe hingegen dies aus seinem Schritt zu lernen und als neue Erkenntnis zu beherzigen: „Der Papst ist kein Übermensch. Wenn er zurücktritt, bleibt er in einem inneren Sinn in der Verantwortung, die er übernommen hat, aber nicht in der Funktion. Insofern hat das Papstamt von seiner Größe nichts verloren, auch wenn die Menschlichkeit des Amtes vielleicht deutlicher hervortritt."

Da ich – wie gesagt – täglich mit Benedikt XVI. im Gespräch bin, war mir all dies nicht neu und ich kann es nur als authentisch unterstreichen. Persönlich, muss ich aber sagen, schien mir in diesem Zusammenhang eine andere Passage irgendwie neu und bezeichnend und besonders erhellend, auch wenn sie an ganz anderer Stelle in dem Buch erscheint.

„Ende April, Anfang Mai 1945", erinnert ihn Seewald nämlich an eine Aussage der Erinnerungen Joseph Ratzingers von

1998, wo es heißt, „entschloss ich mich, nach Hause zu gehen". Das klingt lapidar. Joseph Ratzinger war 1945 17 Jahre alt und dienstverpflichtet an einem der Flakhelfer-Standorte in der Umgebung seiner Heimat. „In Wirklichkeit war das Fahnenflucht", erinnert ihn deshalb Seewald, „worauf die Todesstrafe stand. War Ihnen das nicht bewusst?"

Seine Antwort: „Ich wundere mich nachträglich darüber. Ich wusste, dass da Posten stehen, dass man sofort erschossen würde und dass so etwas eigentlich nur schlecht ausgehen kann. Warum ich trotzdem so ungeniert nach Hause gegangen bin, kann ich mir eigentlich nicht mehr erklären, welcher Grad von Naivität mir da zu eigen war."

Es ging aber gut aus und nicht schlecht! – Und hier, muss ich gestehen, wurde ich deshalb bei der Lektüre von einer Art Déjà-vu-Erlebnis heimgesucht, jedoch in einem umgekehrten Sinn, die bei mir die Frage aufwarf, ob in diesem prägend lebensrettenden Jugenderlebnis Joseph Ratzingers nicht auch ein verborgener Schlüssel zu suchen ist für seinen spektakulären Schritt am Lebensende, an dem er sich so sicher wie ein Schlafwandler gegen 1000 Widerstände und viele gute Gründe im Sommer 2012 ein zweites Mal einfach und still „entschloss, nach Hause zu gehen".

Hier komme ich zu meinem zweiten Punkt. Was erfährt die Weltöffentlichkeit über das Verhältnis des Papa emeritus zu seinem Nachfolger Franziskus?

Erstens: Er hatte überhaupt nicht mit Jorge Mario Bergoglio gerechnet. Der Erzbischof von Buenos Aires war für ihn „eine große Überraschung". Er hatte überhaupt keine Vorstellung von seinem Nachfolger. Wie er dann nach der Wahl aber – am Fernseher in Castel Gandolfo – sah, wie der neue Papst „einerseits mit Gott redete, andererseits mit den Menschen, da war ich wirklich froh. Und glücklich." Und was sagt er dazu, dass

Franziskus auf der Loggia ganz in Weiß erschien, ohne die rote Mozzetta, dem bis dahin traditionellen Umhang der Päpste? „Er hat eben die Mozzetta nicht haben wollen. Das hat mich gar nicht berührt." Doch „diesen Aspekt der Herzlichkeit, der ganz persönlichen Zuwendung, habe ich zuvor (an dem Erzbischof von Buenos Aires) nicht so erlebt. Das war für mich eine Überraschung!"

Und nach der bisherigen Amtszeit von Papst Franziskus – ist er da zufrieden? Ohne Umschweife antwortet er: „Ja, da ist plötzlich eine neue Frische in der Kirche, eine neue Fröhlichkeit, ein neues Charisma, das die Menschen anspricht, das ist schon etwas Schönes. Viele sind dankbar, dass nun der neue Papst in einem neuen Stil auf sie zugeht. Der Papst ist der Papst, ganz gleich, wer er ist." Mit seiner Art hat er „keinerlei Problem. Im Gegenteil ich finde das gut, ja." Zu seinem eigenen Pontifikat sieht er „nirgendwo einen Bruch". Er sieht „neue Akzente ja, aber keine Gegensätze. Er ist ein Mann der praktischen Reform. Und dann ist da auch der Mut, mit dem er Probleme anspricht und nach Lösungen sucht."

Und mehr noch: In mancher Hinsicht sieht er sich und seinen Petrusdienst durch seinen Nachfolger auch korrigiert, wie er offen einräumt, etwa „durch die direkte Zuwendung zu den Menschen. Das ist sehr wichtig. Er ist durchaus auch ein Mann der Reflexion. Und ein nachdenklicher Mensch, aber zugleich jemand, der es gewohnt ist, immer unter Menschen zu sein. Und vielleicht bin ich ja tatsächlich nicht viel genug unter den Menschen gewesen."

So durchzieht überhaupt ein erstaunliches Maß an Selbstkritik – gewürzt durch manche Selbstironie – die Erinnerungen, die Peter Seewald in ihm abruft, und auch die Fähigkeit zu fast kindlicher Freude bis ins hohe Alter. Zum Konzil zum Beispiel, an dem er als junger und vielversprechender Berater von Kardinal Frings aus Köln teilnahm, und über die Reform des Konzils, an der er „sich jetzt noch freut", räumt er dennoch umstandslos ein: „Wir haben da zu sehr im Theologischen gedacht und nicht überlegt, welche Außenwirkung diese Dinge haben werden" und: es „gab da auch viele Spinnereien und Zerstörungen". In jenen Tagen sah er sich selbst übrigens als Progressisten. Andere meinten, er sei ein Freimaurer, der „wiederholt angeschwärzt" wurde. Warum? „Weil ich eben unfähig sei oder was. Und natürlich auch häretisch und so weiter."

Tatsächlich ist er aber auch immer wieder verwundert über sich selbst und seine „Naivität", wie er es nennt, und darüber, „mit welcher Dreistigkeit ich damals – in Konzilszeiten – gesprochen habe", der sich auch jetzt noch – auf Seewalds ungläubige und verwunderte Nachfrage – als „echten Fan von Johannes XXIII." bezeichnet und von dessen „völliger Unkonventionalität".

Er selbst hingegen hat erst als Erzbischof von München und Freising mit dem gewohnten Radfahren aufgehört, weil er „so unkonventionell nicht zu sein wagte". Im übertragenen Sinn aber war er überhaupt nie ein Radfahrer, der nach oben buckelte und nach unten trat. Er buckelte und buckelt vor keinem. Im Gegenteil. In seiner fast schon sprichwörtlichen Arglosigkeit hat er oft gerade seine Gegner und „Nichtfreunde" gefördert und geschützt wie etwa Hans Küng – oder auch Kardinal Kasper. Wäre er nur eine Woche später zurückgetreten, hätte sein schwäbischer Kardinalskollege – wegen der fälligen Überschreitung der Altersgrenze für Kardinäle und ihrer möglichen Teilhabe an der Papstwahl – nicht mehr am Konklave für seinen Nachfolger teilnehmen können! Doch solche Gedanken, wie überhaupt alle taktischen und strategischen Machtspiele, blieben ihm zeit seines Lebens fremd. „Alle wussten, dass ich keine Politik mache", sagt er einmal, „und das hemmt Feindschaft. Man weiß: Der ist nicht gefährlich."

Jetzt hingegen schreibt er Sonntag für Sonntag Predigten für vier, fünf, manchmal auch acht oder neun Leute in seinem „Klösterchen", der früher vor Tausenden sprach. Es ist ihm ein Gleiches. Die eher spöttische Rede vom „Professor Papst" aber kam bei ihm offensichtlich eher als Kompliment denn als Schmährede an, vielleicht auch aus seiner Unfähigkeit, Zynismus selbst auch nur zu denken. Denn: „Ich bin eben doch tatsächlich mehr Professor, jemand, der die geistigen Dinge überlegt und bedenkt. Ich wollte mein Leben lang ein richtiger Professor sein." Das war und blieb er dann auch bis heute: ein deutscher Universitätsprofessor, der gern Stimmen imitiert wie das Schwyzerdütsch Hans Urs von Balthasars und der seine zahllosen Reden und Werke bis zuletzt allesamt mit Bleistift niederschrieb, in einer selbst entwickelten Ultra-Steno-Schrift, um mit der Geschwindigkeit seiner Gedanken mithalten zu können. Und der sich auch in Krisenzeiten seine sieben bis acht Stunden notwendigen Schlafs in der Nacht nie rauben oder nehmen ließ, auch nicht seine Siesta, an die er sich seit 1963, seit seinen römischen Konzilsjahren, gewöhnt hatte, als jemand, der vor allem sehr, sehr gern am Schreibtisch saß und dessen unverzichtbares Instrument zur Geburtshilfe seiner gründlicheren Gedanken ein bequemes Kanapee war. Zitat: „Ein Kanapee brauch ich immer. Und möglichst absolute Stille."

„Die politische Bedeutung" seiner Regensburger Rede und den internationalen Lärm darum hat er, wie er offen zugibt, in dieser Stille einfach „nicht richtig eingeschätzt". Überhaupt hat der große Denker und Dichter große Anstöße immer wieder wie unbeabsichtigt gegeben, wie ein Wunderkind.

Als er am 1. März 1982 in Rom ankam, um den Vorsitz der Glaubenskongregation zu übernehmen, konnte er noch so gut wie kein Italienisch und hatte keine Zeit für einen Italienischkurs. „Italienisch habe ich nur im Mitreden gelernt. Das blieb natürlich auch mein Handicap." Wie am Anfang fiel er deshalb auch am Ende – bei seiner Verzichtserklärung – ins Lateinische zurück, das er bis heute glänzend beherrscht.

Dass Menschenkenntnis nicht seine Stärke ist, gibt er ebenso unumwunden zu wie eine gewisse Vorsicht und Ängstlichkeit, der darum auch oft „sehr behutsam und vorsichtig" war, „weil ich", wie er sagt, „die Grenzen der Menschenkenntnis bei anderen und bei mir selbst oft erfahren habe".

Im September 1991 hat der Nichtraucher und Nichttrinker eine Gehirnblutung erlitten. „Jetzt kann ich nicht mehr", hat er Johannes Paul II. danach gesagt, der seinen Rücktritt damals gleichwohl kategorisch ablehnte. „91 bis 93 waren schwierige, mühsame Jahre", sagt er lakonisch dazu. 1994 kam eine Embolie dazu, danach kam es zu einem gelben Fleck auf der Netzhaut. Seitdem sieht er mit dem linken Auge nur ganz schlecht, also schon Jahre vor seiner Wahl zum Nachfolger Petri. Ein Aufhebens hat er nie davon gemacht. Der halbblinde Papst! Wer hat das je schon gewusst?!

Vielleicht ist Benedikt XVI. deshalb für viele auch noch nie so menschlich geworden wie hier in diesem letzten Buch – in seinen großen Stärken und seinen kleinen Schwächen und Gebrechen. In keinem seiner anderen Interview-Bücher hat er so viel gelacht. Und niemals und nirgends geweint.

Ich habe die Druckfahnen oft lesen müssen und am Schluss das Buch dann quasi in einer Nacht noch einmal gelesen. Viele Seiten könnte ich deshalb fast auswendig wiederholen.

Finden wir in diesen letzten Aussagen Benedikts XVI. denn nun vielleicht sein Testament oder eine letzte Korrektur seines

Testaments? Das wohl eher nicht. Sein Testament als Papst findet sich in den 9 Bänden der „Insegnamenti", die er von seinem Pontifikat hinterlassen hat, vor allem aber in seinen Jesusbüchern, die er „einfach schreiben musste, weil die Kirche am Ende ist, wenn wir Jesus nicht mehr kennen". Und wir finden manche testamentarischen Erkenntnisse auch im „Salz der Erde", in „Gott und die Welt" und dem „Licht der Welt", die Peter Seewald von ihm schon aufgezeichnet hat.

In gewisser Hinsicht leistet dieses Buch hingegen auf unspektakulär beiläufige Weise eine letzte Dekonstruktion seines alten Bildes bei Freund und Feind. Er lässt nirgends zu, dass der Interviewer ihn auf ein Podest hebt. Er sperrt sich hartnäckig und widerspenstig gegen den Entwurf eines Denkmals seiner selbst und sabotiert amüsiert und auf das liebenswürdigste, wo er nur kann, jeden Versuch einer Heiligsprechung zu Lebzeiten. Oder – historisch kritisch gesprochen – er entmythologisiert sich hier immer wieder selbst, auch Peter Seewald gegenüber.

Im Vertrauensraum dieser Gespräche fragt Seewald ihn bisweilen neugierig wie ein Kind seinen Großvater. Doch auch der hochgelehrte Kirchenmann selbst wirkt in seinen Antworten hier mehr als einmal unschuldig wie ein Kind, das lange auf dem Papstthron saß, rätselhaft und unergründlich, als ein Kind des Heiligen Geistes, das zwischen brillanten Analysen auch völlig unbefangen davon erzählt, wie sehr er sich an Spielen „wie ‚Mensch ärgere dich nicht' und solchen Sachen" erfreuen konnte, wo er doch so lange auch „eine starke Seele brauchte, um all den Schmutz zu verdauen", der ihm etwa als Chef der Glaubenskongregation unter die Augen kam. Als ein großes Kind Gottes, mit entwaffnender Milde, das sehnsüchtig wie der heilige Augustinus danach verlangt, endlich in jenes „Immerdar" zu gelangen, von dem es im Psalm 105 heißt „Sucht immerdar sein Angesicht" – und als ein Kind, das immer noch heimwill, „wo es wieder so schön sein wird, wie es bei uns zu Hause war".

Aber auch als einen hintergründig und leise lächelnden Mann von einem fernen Zeitalter offenbart er sich hier, aus „quasi prähistorischer Zeit", wie er selbst einmal halb ironisch bemerkte. Trotz seiner überragenden und hellwachen Intelligenz und Bildung ähnelt er hier nirgendwo auch nur von ferne jenem machtverliebten Gernegroß und furchteinflößenden Großinquisitor, als der er so oft von seinen „Nichtfreunden" verzerrt und verzeichnet wurde.

Persönlich, muss ich gestehen, rief die Lektüre dieser Gespräche deshalb mehr als einmal das wehmütige Bild vom „Kleinen Prinzen" Antoine de Saint-Exupérys in mir wach und dabei muss ich nun auch selber lachen: ein päpstlicher kleiner Prinz in roten Schuhen (in den Schuhen des Fischers). Von einem fremden Stern – als ein herabgefallener Bote des Himmels für unsere Zeit, obwohl ich aus nächster Nähe vielleicht besser als jeder andere weiß, dass weder Joseph Aloisius Ratzinger noch Benedikt XVI. auch in dieser poetischen Figur nicht aufgehen.

EUROPA UND DAS CHRISTENTUM

Sackgasse oder Weg in die Zukunft?

10. Februar 2017:

Vortrag in Bad Adelholzen

Eines ist in den vergangenen zwei Jahren deutlich sichtbar geworden: Viele Krisen, die ihren Ursprung fernab von Europa haben, drängen mächtig auf unseren Erdteil herein und treffen unsere politischen Strukturen weithin unvorbereitet. Immer seltener werden Krisen von den politisch Verantwortlichen tatsächlich gelöst, immer öfter versucht man, irgendwie mit ihnen zu leben. Doch mit steigendem Frustpegel sinkt die Hemmung vieler Menschen und Wähler, das sogenannte Establishment zu ohrfeigen.

Krisen gibt es zuhauf. Von der Eurokrise spricht kaum noch jemand, doch die Gründe, warum die Finanz- und Wirtschaftskrise Europa so hart traf, sind weiter vorhanden: die exorbitanten Staatsschulden, mit denen wir zu leben versuchen, der Mangel an Vertragstreue bei den nationalen Regierungen der Euro-Zone und die divergierenden Wirtschaftsphilosophien der Euro-Staaten. In der Migrationskrise haben sich die Europäer in die Hände eines Partners gegeben, der sich gerade 2016 als gefährlicher Nachbar erwiesen hat. Wenn der türkische Präsident angesichts der tiefgreifenden türkisch-europäischen Entfremdung seine Drohungen wahr macht, die fast drei Millionen Flüchtlinge in der Türkei nicht länger zurückzuhalten, kann das die griechischen und mazedonischen Strukturen leicht hinwegfegen. Man ahnt bereits, dass die bisherigen Flüchtlingsströme erst der Beginn größerer Wanderungsbewegungen – und damit größerer Krisen in Europa – sein könnten. In Afrika sitzen offenbar unzählige Menschen auf gepackten Koffern. Schon 2015 wurde aus der Flüchtlingskrise rasch eine Solidaritätskrise unter Europas Staaten. Je mehr ungelöste Krisen – ob sie nun unter den Teppich gekehrt werden können oder weithin sichtbar im Raum stehen – sich aufhäufen, desto brüchiger wird die Solidarität der Staaten Europas untereinander und desto mehr bröselt das Vertrauen zwischen ihren Regierungen – und erst recht das Vertrauen der Regierten in die Regierenden.

Wir werden uns daran gewöhnen müssen, mit Krisen zu leben. Nicht gewöhnen dürfen wir uns daran, dass die Suche nach dem politisch Opportunen die Suche nach den echten Lösungen verdrängt. Und erst recht sollten wir uns nicht damit abfinden, dass von außen kommende Krisen uns Europäer immer auseinandertreiben wie die Hühner, wenn der Fuchs eindringt.

Ist das Christentum bei der Bewältigung der mannigfachen Krisen eine Sackgasse oder öffnet es einen Weg in die Zukunft für Europa? Das ist eine ernsthafte, dornige und unausweichliche Frage! Europa ist nicht zuerst die Europäische Union mit ihren in Brüssel und Straßburg existierenden Organen. Europa ist der weite Raum zwischen dem Atlantik und dem Ural, in dem eine bei allen Unterschieden in zwei Jahrtausenden gewachsene Kultur die verschiedenen Völker zu einer umfassenden Einheit verbunden hat. Zu einer Einheit, die auf jenem Grund beruht, der durch die oft zitierte Trias Jerusalem, Athen und Rom charakterisiert wird.

Die Erfahrung, dass die Völker dieses Europa seit dem 19. Jahrhundert in einem geradezu euphorischen Prozess der Emanzipation sich von eben diesem Fundament losgelöst und in der Folge den Kontinent in bis dahin unerhörte Katastrophen gestürzt haben – eben diese Erfahrung hat um die Mitte des 20. Jahrhunderts Staatsmänner wie Alcide de Gasperi, Robert Schuman und Konrad Adenauer dazu bewogen, beim Wiederaufbau nach dem Zweiten Weltkrieg auf jene Grundlagen zu setzen, auf denen Europas einstige Größe erwachsen war.

Und nun – wie präsentiert sich das seiner geistigen Grundlagen vergessene Europa von heute? Vor allem ratlos. Uneins und zerstritten steht man der neuen Völkerwanderung, dem möglicherweise drohenden Zerfall der Europäischen Union und dem Problem gegenüber, in dem zwischen Amerika, Russland und China bestehenden Spannungsfeld ein Platz für Europa zu finden. Die Lähmung, die Unfähigkeit, sich dieser Herausforderung zu stellen, und zwar gemeinsam, ist die logische Folge des geistigen Zustandes unseres Kontinents.

Da nun setzt unsere Frage an: Kann das Christentum in dieser Situation dazu beitragen, dass dieses Europa Zukunft hat? Noch vor dem Versuch einer Antwort ist freilich festzustellen, dass es „das Christentum" als ein Abstraktum gar nicht gibt. Es gibt Menschen, Institutionen, die sich in sehr unterschiedlicher Weise auf Jesus Christus berufen. Diese Unterschiede wurden in den letzten Jahrzehnten namentlich auf dem Gebiet der Bioethik, des Lebensschutzes, der Familie immer deutlicher. Dennoch – gleichsam auf der Grundlage eines kleinsten gemeinsamen ideologischen Nenners – im Namen all dieser Christentümer unser Thema abhandeln zu wollen, wäre ein ebenso intellektuell unseriöses wie darum auch unstatthaftes, ja anmaßendes Unterfangen.

Lassen wir also das sterile Abstraktum „Christentum" und begnügen wir uns mit dem Konkreten. Ich erlaube mir deshalb, das Thema von meinem, dem katholischen Standpunkt aus zu betrachten. Da ist zunächst zu sagen, dass die Kirche nicht nur die Verkünderin des Evangeliums Christi ist. Vielmehr hat sie sich stets auch als Hüterin der natürlichen Geistesgüter, des Wahren, des Guten und Schönen verstanden. Darum besteht der erste Beitrag der Kirche zur Zukunft Europas noch vor der Verkündigung des Evangeliums Christi in ihrem Beitrag zu der Wiederinstandsetzung der natürlichen Grundlagen menschlichen Lebens, menschlicher Gesellschaft. Dass dies eine vitale Notwendigkeit ist, ergibt schon ein oberflächlicher Blick auf die gesellschaftliche Realität von heute.

Ich nenne nur einige Stichworte: Finanzmanager verursachen durch bedenkenlose Spekulationen ein Chaos der Finanzmärkte. Leben und Gesundheit der Bevölkerung wird durch Produktion und Vertrieb verdorbener Lebensmittel rücksichtslos aufs Spiel gesetzt. Bauunternehmer verwenden minderwertiges Material und riskieren damit Gebäudeeinstürze. Kinder werden entführt, verstümmelt, getötet, um mit ihren gesunden Organen weltweiten Handel zu treiben. Hinter fragwürdigen biotechnischen Forschungen stecken massive finanzielle Interessen. Hinzu kommt der seit Langem bestehende Skandal der Abtreibung, dem in wachsendem Maße die sogenannte Euthanasie entspricht. Ich könnte mit der Aufzählung fortfahren; aber es mag genügen.

All diese schon zur Alltäglichkeit gehörenden und darum immer weniger wahrgenommenen Tatsachen sind Folgen und Indizien für eine Sicht des Menschen, die diesen nur nach seinem biologischen, sozialen, ökonomischen Nutzwert betrachtet. Von der Einmaligkeit der Person und ihrer Würde ist nicht mehr die Rede. Kann auf einer solchen Grundlage ein Europa aufgebaut werden, in dem es sich lohnt zu leben? Ein Europa, das wir kommenden Generationen wünschen können? Wenn es also gilt, unserem Kontinent neue Zukunftsperspektiven zu eröffnen, muss es zuallererst um eine Wiederentdeckung des natürlichen Sittengesetztes gehen. Dieses natürliche Sittengesetz ist keine katholische Spezialität, denn die hier vorgelegten Normen und Prinzipien ergeben sich nicht erst aus der biblischen Offenbarung, sondern schon aus dem Wesen von Mensch und Welt, aus ihrer Natur. In diesem Verständnis sprechen wir auch von Naturrecht. Dagegen erhebt sich natürlich der energische Protest des Rechtspositivismus, der mit Nachdruck als Recht nur das anerkennen will, was von einer – von wem auch immer – dazu berechtigten gesetzgeberischen Autorität als Recht und Gesetz erklärt worden ist. Damit ist allerdings einem unkontrollierbaren Rechtsrelativismus freie Bahn eröffnet, an dessen Konsequenzen diese Theorie scheitern muss.

Eklatant wird das Dilemma des Rechtspositivismus am Beispiel etwa der Nürnberger Prozesse nach dem Zweiten Weltkrieg. Es kann kein Zweifel daran bestehen, dass das nationalsozialistische Gewaltregime auf legale Weise an die Macht gelangt ist. Die von ihm geschaffenen Verfassungsorgane hatten demnach rechtmäßige Gewalt. Die von ihnen erlassenen Gesetze, die etwa die sogenannte rassische Mischehe verboten, die zwangsweise Sterilisierung sogenannter erbkranker Personen und die Tötung geistig Behinderter anordneten und anderes mehr, waren demnach im Sinne des Rechtspositivismus zweifellos geltendes Recht. Waren also jene, die solche Gesetze angewandt haben, dessen ungeachtet legitimerweise vor Gericht zu ziehen und zu bestrafen? Oder waren sie unschuldige Opfer von Rachejustiz der Siegermächte?

Kurzum, der rechtspositivistische Ansatz führt in die Irre und in das Chaos. Was bleibt, ist das natürliche, sich aus der Schöpfung ergebende, durch die Vernunft zu erkennende Sittengesetz. Dieses hat die Kirche von ihrem Ursprung an verkündet, in Philosophie und Theologie begründet und entfaltet. Es ist die allein tragfähige Grundlage individuellen und sozialen sittlichen Lebens. Es war nicht anders zu erwarten, als dass die Kirche, indem sie dieses Sittengesetz verkündet, seitens der verschiedenen philosophischen Systeme der Neuzeit erbitterten Widerstand erfahren hat – dies wird auch in Zukunft so bleiben.

Dennoch ist daran festzuhalten: So wie die menschliche Natur Raum und Zeit übergreifend eine und dieselbe ist, so muss sich das sittliche Handeln des Menschen an gleichermaßen Raum und Zeit übergreifenden Prinzipien und Normen orientieren, die sich aus der Person-Natur des Menschen ergeben, wenn individuelles wie soziales Leben gelingen soll.

Hierzu bemerkt Papst Johannes Paul II. in seiner Enzyklika Veritatis splendor (1993): „Nur im Gehorsam gegenüber den universalen sittlichen Normen findet der Mensch volle Bestätigung der Einzigartigkeit seiner Person und die Möglichkeit sittlichen Wachstums … Diese Normen bilden in der Tat das unerschütterliche Fundament und die zuverlässige Gewähr für ein gerechtes und friedliches menschliches Zusammenleben und damit für eine echte Demokratie" (Nr. 96). „Nur eine Moral, die Normen anerkennt, die immer und für alle ohne Ausnahmen gelten, kann darum das Fundament für das gesellschaftliche Zusammenleben sowohl auf nationaler wie auf internationaler Ebene gewährleisten" (Nr. 97).

Es handelt sich hierbei um ein Prinzipien- und Normengefüge, das vor jeder Gesetzgebung existiert, weil es in der inneren Ordnung des Seins selbst wurzelt. An ihm muss jede

Gesetzgebung Maß nehmen, wenn sie denn den Anspruch erheben will, gerecht zu sein. Ein Kirchenvater des 7. Jahrhunderts, Isidor von Sevilla (†636), sagte klar: „Ius dictum quia iustum." Recht ist etwas, weil es gerecht ist – und nicht umgekehrt: „gerecht ist etwas, weil es Recht ist." Ist der Hinweis auf die grundlegende Bedeutung des Naturrechts für Europas Zukunft der erste Beitrag, den die Kirche dafür zu leisten vermag, so besteht der zweite darin, der Gesellschaft von heute begreiflich zu machen, was Wahrheit für sie bedeutet: Dass mit der Nennung dieses Begriffs ein Sturm des Widerspruchs ausgelöst wird, nehmen wir einmal gelassen hin. Pilatus hat viele alte und modernste Nachfolger gefunden – und der Definitionen von Wahrheit ist kein Ende.

Jene wahrheitsfeindlichen philosophischen Denkrichtungen, die sich vor allem seit dem späteren 17. Jahrhundert zu Wort gemeldet haben, müssen sich fragen lassen, welche gesellschaftlichen, kulturellen, politischen Früchte ihre Wahrheitsvergessenheit gebracht hat. Da sind einmal die Utilitaristen wie Thomas Hobbes oder später Auguste Comte, für die das entscheidende Kriterium für menschliches Handeln dessen Nützlichkeit beziehungsweise der Erfolg ist. Ein klassisches Beispiel für den angewandten Utilitarismus ist der Hohepriester Kaiphas, der den Todesbeschluss über Jesus damit begründet, es sei besser, dass ein Einziger sterbe als dass das ganze Volk Schaden leide. Ob die gegen ihn vorgebrachten Anklagen wahr sind, spielte für den Utilitaristen keine Rolle.

Der Pragmatismus, ein typisches amerikanisches Gewächs des 19. Jahrhunderts, lehrte sodann, Wahrheit habe keine Eigenbedeutung, sondern ergebe sich aus der Nützlichkeit eines Gedankens für die Bewältigung praktischer Aufgaben. Kriterium für die Wahrheit ist die Machbarkeit. Hierfür steht Pontius Pilatus, der, um Ruhe in Jerusalem besorgt, dem Pöbel nachgibt, den Publikumsliebling Barabbas frei und Jesus kreuzigen lässt. Auch ihm stellt sich die Wahrheitsfrage nicht. Noch radikaler ist der Relativismus, der mit Nachdruck verkündet, dass es eine absolute, umfassende Wahrheit und damit auch allgemein gültige sittliche Normen überhaupt nicht gibt, ja nicht geben kann, da alles Erkennen von jeweils sich verändernden individuellen oder kulturell-historischen Umständen abhängig ist. Wer allerdings dennoch den Anspruch erhebt, Wahrheit erkannt zu haben, verfällt damit unweigerlich dem Verdammungsurteil der harten Intoleranz der Relativisten, die damit freilich ihren eigenen Relativismus ad absurdum führen, indem sie ihn solchermaßen absolut setzen.

Die Feststellung, dass die großen politisch-kulturellen Katastrophen des 20. Jahrhunderts wie auch die vorher zitierten Verfallserscheinungen der Gegenwart ihre Ursachen hauptsächlich in jener weitverbreiteten Geisteshaltung haben, für die Wahrheit keine Rolle spielt, dürfte nicht verfehlt sein. Es muss also mit Nachdruck darum gehen, die Bedeutung der Wahrheit für unser Denken und Handeln neu zu entdecken. Nicht „was nützt es?" oder „ist es machbar?" müssen die entscheidenden Fragen lauten, sondern: „Ist es wahr?", „steht es in Einklang mit der Wahrheit?" Die Beantwortung dieser Frage setzt die Existenz und die Erkennbarkeit einer übersubjektiven Wahrheit zwingend voraus. Ohne sie ist Kommunikation unter Personen und Gemeinschaften unmöglich. Ohne sie kommt es zur Atomisierung der Gesellschaft, in der dann die einzelnen „Atome", das heißt Personen, neben- oder gegeneinanderstehen.

Die genannten Denkströmungen des Utilitarismus und Pragmatismus sind aber nicht nur wegen ihrer praktischen zerstörerischen Konsequenzen abzulehnen, sie sind mehr noch aufgrund ihrer inneren Widersprüche unhaltbar. Die von keinem bezweifelte Wirklichkeit der Vernunft wäre ohne die Existenz und Erkennbarkeit von Wahrheit absurd. Wozu gäbe es dann überhaupt Vernunft? Nur um darzutun, dass Wahrheit nicht existiert? Ohne Wahrheit ist Vernunft gegenstandslos und damit sinnlos.

In ähnlicher Weise setzt die Tatsache, dass es das Auge, das Ohr gibt, die Existenz von Form und Farbe beziehungsweise von Tönen und Geräuschen voraus, wenn Auge und Ohr nicht eine sinnlose Marotte der Evolution sein sollen. In ähnlicher Weise führt sich auch der Relativismus selbst ad absurdum. Wenn jeder eine eigene individuelle Wahrheit hat, ist es unausweichlich, dass zahllose Wahrheiten aufeinanderstoßen, sich widersprechen. Da es aber im Sinne des Relativismus kein allgemein verbindliches Kriterium für Wahr und Falsch beziehungsweise Gut und Böse gibt, ist entweder totale Lähmung oder Chaos die Folge. Der Relativismus erweist sich als Irrweg des Denkens.

Nun aber gibt es in der Tat die unmittelbare Erfahrung von Wahrheit, die sich an der Wirklichkeit bewährt. Die Wahrheit einer medizinischen Theorie erweist sich, indem ihre Anwendung zur Heilung führt. Wenn es – um ein anderes Beispiel zu nennen – möglich ist, durch mathematisch-physikalische Berechnungen Astronauten auf einem bestimmten Flecken der Mondoberfläche landen zu lassen, dann doch nur deswegen, weil die dem Unternehmen zugrunde liegenden physikalischen Gesetze und die darauf beruhenden Berechnungen wahr sind. Davon abgesehen, dass weder die menschliche Vernunft noch der Kosmos aus sich selber erklärbar sind, sondern nur als geschaffene Wirklichkeit, ist dabei am erstaunlichsten die nahtlose Übereinstimmung, das Ineinandergreifen, das Aufeinander-Bezogensein von Denken und Sein, von Wahrheit und Wirklichkeit. Das aber verweist zwingend auf eine alles Denken und Sein überragende und umgreifende Instanz – auf den Creator Spiritus, den Schöpfergeist. War bisher von der vitalen Bedeutung einer Wiederentdeckung des natürlichen Sittengesetzes und der Wahrheit für die Zukunft Europas die Rede gewesen, so stellt der Hinweis auf den Schöpfer von Welt und Mensch das schlechthin entscheidende Thema: „Gott".

Ebenso wenig wie menschliches Leben ohne das natürliche Sittengesetz und die Verankerung in der Wahrheit gelingen kann, können die Existenz von Welt und Mensch ohne Gott gedacht werden. Es geht also darum, der europäischen Gesellschaft von heute und morgen ihren wesentlichen Transzendenzbezug neu bewusst zu machen. Ein Individuum, eine Gesellschaft, die dieses wesentliche Bezogensein auf Transzendenz entweder nicht erkennt oder gar bewusst leugnet, verschließt sich selbst die entscheidende Dimension menschlicher Existenz. Dass damit ein grundsätzlicher Verzicht auf das Wahre, Gute, Schöne und Heilige verbunden wäre, wird klar, wenn man bedenkt, dass die Quelle für alles endliche Wahre, Gute, Schöne und Heilige der unendliche und ewige Schöpfer allen Seins ist. Der entscheidende Beitrag der Kirche für die Zukunft Europas besteht darin, den Zugang zur Transzendenz offenzuhalten, wie es Papst Franziskus vor dem Europaparlament im November 2014 betont hat: „Ein Europa, das nicht mehr fähig ist, sich der transzendenten Dimension des Lebens zu öffnen, ist ein Europa, das in Gefahr gerät, allmählich seine Seele zu verlieren."

Gott hat dem Menschen seine Schöpfung anvertraut und ihm als sein „Ebenbild" (Gen 1,26) genügend klugen Verstand und guten Willen mitgegeben, um eine Gesellschaft „in Verantwortung vor Gott und den Menschen" (Präambel des Grundgesetzes) gestalten zu können. Wäre dies nicht der Fall, dann wäre der Mensch ein absurdes Wesen, das für seine

Taten und Untaten nicht verantwortlich sein könnte. Zum biblisch-christlichen Menschenbild gehört die Überzeugung: Die zu einem verantwortlichen Leben notwendigen ethischen Einsichten lassen sich mit dem Licht der natürlichen Vernunft erkennen und werden in der katholischen Tradition „natürliches Sittengesetz" und, soweit daraus Rechtsprinzipien ableitbar sind, „Naturrecht" genannt. In diesem Sinn stellt Benedikt XVI. fest: „In allen Kulturen gibt es besondere und vielfältige ethische Übereinstimmungen, die Ausdruck derselben menschlichen, vom Schöpfer gewollten Natur sind und die von der ethischen Weisheit der Menschheit Naturrecht genannt wird. Ein solches universales Sittengesetz ist die feste Grundlage eines jeden kulturellen, religiösen und politischen Dialogs und erlaubt dem vielfältigen Pluralismus der verschiedenen Kulturen, sich nicht von der gemeinsamen Suche nach dem Wahren und Guten und nach Gott zu lösen. Die Zustimmung zu diesem in die Herzen eingeschriebenen Gesetz ist daher die Voraussetzung für jede konstruktive soziale Zusammenarbeit" (Caritas in veritate, 59).

Dabei darf nicht verschwiegen werden, und das gehört wesentlich zur biblischen Anthropologie (vgl. Gen 1–11), dass der Mensch durch eigene Schuld die Mitgift des Schöpfers verschmähen kann und dies auch getan hat. Seine „Ursünde" besteht darin, dass er „sein will wie Gott", um autonom über „Gut und Böse" entscheiden zu können (vgl. Gen 3,5). In dieser Geisteshaltung versucht er, den „Turm von Babel" zu bauen, der bis „zum Himmel reicht", also eine Gesellschaft zu errichten, die Gott nicht braucht. Der „Turm" bleibt eine Ruine, weil die gottlos gewordenen Menschen einander nicht mehr verstehen (vgl. Gen 11). Ohne die Rückbindung an Gott zerbricht der Grundwertekonsens. Deshalb besteht eine grundlegende Aufgabe der kirchlichen Verkündigung darin, jene sittlichen Grundeinsichten zu finden und zu verkündigen, mit denen die „schöpferische Liebe" Gottes die menschliche „Natur" ausgestattet hat.

Nun mag sich mancher darüber wundern, dass bei der Erörterung über den Beitrag der Kirche zur Zukunft Europas bislang mit keinem Wort vom christlichen Glauben, von Offenbarung und Evangelium die Rede war, wo doch die Neuevangelisierung unseres Kontinents das große Anliegen der Kirche ist. Noch vor der Verkündigung des Evangeliums versteht sich die Kirche aber auch als Anwalt des Menschen, des Humanum. Darum sieht sie ihre Aufgabe auch in der Reparatur der humanen Fundamente. Damit bewegt sie sich im vorreligiösen Raum und vermag deshalb jeden unvoreingenommenen, für vernünftige Argumentation offenen Partner anzusprechen. So können die Voraussetzungen für die Verkündigung und die Aufnahme des Evangeliums geschaffen werden. Indem sie das natürliche Sittengesetz, die Bedeutung von Wahrheit und die Gottbezogenheit von Welt und Mensch erneut ins Bewusstsein der Gesellschaft zu rufen sucht, bereitet sie den durch die Ideologien des 20. Jahrhunderts ausgetrockneten und vergifteten Boden für die Aussaat des Evangeliums vor.

Nun stellt sich freilich die Frage, ob denn einem solchen Bestreben überhaupt noch Erfolg beschieden sein kann. Sicher ist, dass das Maß des kirchlichen Einflusses auf die sich selbst als säkular verstehende Gesellschaft zunächst von der Zahl der Gläubigen und ihrem sozialen und politischen Gewicht bestimmt wird. Die Kirche hat nur so viel Einfluss und Macht, wie die Gesellschaft ihr einzuräumen bereit ist. Was umgekehrt auch heißt, dass sich die negativen Erscheinungen in Europas jüngerer Geschichte keineswegs aus der Realisierung christlicher Maxime ergeben haben, sondern vielmehr aus der Abkehr von ihnen. Nun ist auch zu bedenken, dass den Christen von heute und morgen ganz anders als im späten 19. Jahrhundert und in der Zeit nach dem Zweiten Weltkrieg kein politischer Arm mehr zur Verfügung steht, wie ihn die christlichen Parteien der Vergangenheit geboten hatten. Hinzu kommt, dass die Medien, die die öffentliche Meinung bestimmen, mit verschwindenden Ausnahmen in Händen sind, die gewiss wenig Bereitschaft zeigen, dem Auftrag der Kirche zu dienen.

Was also hat die Kirche, haben die Katholiken noch an Chancen, den beschriebenen Beitrag zur Zukunft Europas zu leisten? Es bleibt ihnen nur die Macht des Arguments. Und dieses Argument ist eine Frage, dazu noch eine utopische Frage: Wie könnte dieses Europa aussehen, welche Art Gesellschaft könnte entstehen, welche Kultur würde geschaffen, wenn das Europa von morgen wenigstens in seinen denkenden Schichten sich entschlösse, zur Gestaltung des zusammenwachsenden Kontinents als Magna Charta das christliche Verständnis von Mensch und Welt zugrunde zu legen? Das würde nichts anders bedeuten, als dass das Naturrecht, der Dekalog des Alten und die Bergpredigt des Neuen Testaments den Maßstab abgeben würden, an dem die Normen für das private wie für das gesellschaftliche Leben sich bewähren müssten. Keine Frage, dass eine solche Gesellschaft bei Weitem humaner wäre als jene, in der die Macht des Stärkeren und ein schrankenloser Egoismus herrschen, in welcher der Schwächere keine Chance hat und in der Geld, Macht und Genuss als höchste Lebensziele gelten.

Wenn also der Unantastbarkeit der Person, der Verantwortung des Einzelnen für das Ganze, der Ehrfurcht vor dem Schöpfer und den Geschöpfen, der Würde von Ehe und Familie höchste Bedeutung, gleichsam „Verfassungsrang" zuerkannt würde, dann würde das zwar nicht das Paradies auf Erden zur Folge haben. Gewiss aber könnte auf dieser Basis bei aller Bruchstückhaftigkeit irdischer Realisierung eine weit menschenfreundlichere Gesellschaft entstehen als jene, in der wir heute leben. Eine Utopie gleich jener von Kants „Ewigem Frieden"? Wie aber an der Marxschen Utopie von der klassenlosen Gesellschaft zu sehen ist, entfalten Utopien ihre eigenen – im Falle von Karl Marx weltzerstörenden – Kräfte. Warum sollte nicht auch die Utopie eines christlichen Europas ihre gestaltende, aufbauende Dynamik erweisen? Inzwischen kann Europa auf ein Jahrhundert der Katastrophen zurückblicken. Sie waren als letzte Konsequenzen aus materialistischen und atheistischen Ideologien erwachsen, deren menschenfeindlicher Irrtum sich drastisch erwiesen hat.

In der dramatischen Situation von heute sollte das krisengeschüttelte Europa den Mut aufbringen, das christliche Experiment zu wagen. Ohne Gott weiß der Mensch nicht, wohin er gehen soll, und vermag nicht einmal zu begreifen, wer er ist. Wahre Entwicklung verlangt die Anerkennung letzter Werte vonseiten des Menschen und die Anerkennung Gottes, ihrer Quelle und ihres Zieles. Mit der Fähigkeit dazu hat der Schöpfer-Gott die menschliche Natur ausgestattet. Die Liebe zur Wahrheit umschließt immer die im natürlichen Sittengesetz wie die in der biblisch-christlichen Offenbarung grundgelegte Wahrheit. Wahre Entwicklung erfordert deshalb eine transzendente Sicht der Person, sie braucht Gott: Ohne ihn wird die Entwicklung entweder verweigert oder einzig der Hand des Menschen anvertraut, der in die Anmaßung der Selbsterlösung fällt. Angesichts der gegenwärtig im sozialen und kulturellen Umfeld herrschenden Tendenz zur Relativierung der Wahrheit ist die Zustimmung zu den Werten des Christentums ein nicht nur nützliches, sondern geradezu unverzichtbares Element für den Aufbau einer guten Gesellschaft. Mit Papst Benedikts Rede im Deutschen Bundestag ist abschließend festzuhalten: „Die Kultur Europas ist aus der Begegnung zwischen dem Gottesglauben Israels, der philosophischen Vernunft der Griechen und dem Rechtsdenken Roms entstanden. Diese dreifache Begegnung bildet die innere Identität Europas. Sie hat im Bewusstsein der Verantwortung des Menschen vor Gott und in der Anerkenntnis der unantastbaren Würde des Menschen, eines jeden Menschen, Maßstäbe des Rechts gesetzt, die zu verteidigen uns in unserer historischen Stunde aufgegeben ist."

VERGANGENHEIT UND ZUKUNFT EUROPAS

Was Europa aus seiner römischen Vergangenheit lernen kann

1. Juli 2017:
Vortrag in Bad Füssing anlässlich des 60. Jahrestags der
Unterzeichnung der Römischen Verträge

Seit 1995 lebe ich in Rom, im Vatikan. Das sind 22 Jahre. Die Ewige Stadt ist mir zur Heimat geworden. Als es feststand, dass ich die Einladung nach Bad Füssing annehmen und dort einen Vortrag halten werde, stand natürlich gleich die Frage auf, worüber ich denn reden solle. Da überfiel mich der Genius loci und, da das Jahr 2017 für Rom und Europa ein Schlüsseljahr ist, wurde mir schnell klar: Das Thema muss mit Rom und Europa zu tun haben. Dabei half mir ein wichtiges Datum, nämlich der 25. März, und eine persönliche Erfahrung. Am vergangenen 25. März wurde des 60. Jahrestages der Unterzeichnung der Römischen Verträge gedacht. Am Vorabend dieses bedeutenden Datums empfing Papst Franziskus die Staats- und Regierungschefs der Europäischen Union im Vatikan.

Kann das Europa, in dem wir heute leben, etwas aus seiner römischen Vergangenheit lernen?

In der Mitte des Mittelmeerraumes liegt Rom, auf dem Seeweg etwa gleich weit entfernt von den Meerengen im Westen und Osten, von Gibraltar und dem Bosporus. Das „mar mediterraneo" (wörtlich: das Meer zwischen den Ländern) – zwischen Afrika, Asien und Europa, zwischen Orient und Okzident – war in der Antike Drehscheibe von Geistigkeit, Handel und Macht. Hier begegneten sich die Kulturen der Phönizier, Hellenen, Ägypter, Etrusker, Karthager und Römer. In der Mitte dieses Mittelmeeres liegt Rom. Keine Stadt hat Europa länger und tiefer geprägt. Verdankt das Abendland den Griechen Mythologie und Philosophie, so verdankt es Rom sein Denken in Staats- und Rechtsordnungen, seine Jahrhunderte überdauernde Spannung zwischen eigener Identität und universalem Anspruch, seine Reichsidee.

Kein Geringerer als der erste deutsche Bundespräsident Theodor Heuss sagte im Jahre 1950: „Von drei Hügeln ging Europa aus: von der Akropolis, dem Kapitol und Golgota." Geografisch spielt er damit auf drei Städte des „mar mediterraneo" an: auf Athen, Rom und Jerusalem. Inhaltlich spielt er an auf die griechische Philosophie mit ihrem Personalismus, auf die Staatsphilosophie und das Rechtsdenken Roms sowie auf den christlichen Glauben. Auf einem der genannten Hügel, auf dem römischen Kapitol, unterzeichneten sechs Staaten Europas vor sechs Jahrzehnten einen Vertrag, der zum Beginn einer neuen Ära werden sollte: Staaten, die eineinhalb Jahrzehnte zuvor noch im grausamsten und schreckenerregendsten aller europäischen Bruderkriege gegeneinander standen, waren zu einer gemeinsamen Zukunft entschlossen. Jene sechs Länder, die 1951 in Paris die „Europäische Gemeinschaft für Kohle und Stahl" (EGKS) gegründet hatten, schlossen sich zur „Europäischen Wirtschaftsgemeinschaft" (EWG) zusammen. Und zwar von Anfang an mit dem Ziel der Expansion – der Vertiefung wie der Erweiterung ihrer Union.

Der 25. März 1957 war ein Tag voller Erwartungen, voller Hoffnung, Begeisterung und Bangen. Und nur ein aufgrund seiner Tragweite und historischer Konsequenzen außergewöhnliches Ereignis konnte ihn zu einem einzigartigen Tag in der Geschichte machen. Das Gedenken jenes Tages verbindet sich mit den Hoffnungen von heute und den Erwartungen der Völker Europas, die ein Nachdenken über die Gegenwart fordern, um mit neuem Schwung zuversichtlich den eingeschlagenen Weg fortzusetzen.

Allein in dieser Ambition liegt etwas „Römisches", denn Rom war nie bescheiden und selbstgenügsam. Rom fühlte stets eine Bestimmung, eine Botschaft, eine Idee, eine Sendung. Darum erinnerte Papst Franziskus die Spitzen Europas, die er Ende März zum Jubiläum der Römischen Verträge empfing, an Roms „Berufung zur Universalität". Deswegen sei Rom als Ort für die Unterzeichnung der Verträge ausgewählt worden. Denn hier wurden die politischen, rechtlichen und gesellschaftlichen Fundamente unserer Kultur gelegt. Konkret führte der Papst aus: „Die Gründerväter erinnern uns daran, dass Europa nicht eine Summe von einzuhaltenden Regeln, nicht ein Handbuch von zu befolgenden Protokollen und Verfahrensweisen ist. Es ist ein Leben; eine Art, den Menschen – ausgehend von seiner transzendenten und unveräußerlichen Würde – zu begreifen und nicht nur als eine Gesamtheit von zu verteidigenden Rechten oder einzufordernden Ansprüchen. Am Ursprung der Idee Europa steht die Gestalt und die Verantwortlichkeit der menschlichen Person samt dem Ferment einer im Evangelium gegründeten Brüderlichkeit mit ihrem Willen zur Wahrheit und zur Gerechtigkeit, der von einer tausendjährigen Erfahrung geschärft wurde."

Die auf der Macht der Legionen gegründete „Pax Romana" ist sicherlich nicht vergleichbar mit der durch Kriege und Weltkriege geläuterten Friedensidee Europas. Rom wollte seinem Europa, dem Mittelmeerraum, eine Friedensordnung aufzwingen, um sich dann, als das „Mare Nostrum" von Piraten und Feinden gesäubert war, auch dem kalten Norden Europas zuzuwenden. Die europäische Friedensidee wirkt da viel pazifistischer, indem sie der Welt demonstriert, dass Konflikte am Konferenztisch statt auf dem Schlachtfeld ausgetragen werden können und dass gerade aus dieser Methode Rechtssicherheit, Wohlstand und Freiheit erwachsen. Gleichwohl verdankt das Europa von heute seinen staatlichen Idealismus dem antiken Rom: Die Idee, durch die eigene Rechtsordnung dem Chaos der streitenden Völker Frieden und Wohlfahrt zu bringen, spannt sich wie ein roter Faden vom antiken Kapitol Roms zum heutigen Europäischen Parlament in Straßburg.

Ein Reich vieler Völker, Mentalitäten, Religionen und Sprachen – geeint durch den Willen zur gemeinsamen Zukunft, durch eine Staatsidee und Vision: das verbindet das antike Imperium Romanum mit der Europäischen Union unserer Tage. Dazwischen liegen vermittelnde Reiche, profan gesagt Erben: Wenn heute davon die Rede ist, die von 6 auf 28 Mitgliedstaaten gewachsene Europäische Union habe sich durch ihre vielen Erweiterungen vielleicht „überdehnt", sei zu groß geworden, um noch im Gleichschritt zu gehen, dann erinnert das an das Imperium Romanum der Tage Kaiser Konstantins im frühen vierten Jahrhundert. Weil das Reich zu groß wurde, um von einer Mitte aus gelenkt zu werden, baute Konstantin ab 326 in Byzanz ein zweites Zentrum aus. Konstantinopel, die Stadt auf zwei Kontinenten, wurde schließlich der Erbe des Reiches in der östlichen Hälfte des „Mare Nostrum". Der Kaiser in Byzanz herrschte in seinen besten Zeiten über den

Balkan, Kleinasien, den Orient und Nordafrika. Als das tausendjährige Imperium Romanum in der Völkerwanderung ertrank, da überlebte sein östlicher Erbe ein weiteres Jahrtausend – bis zur Eroberung Konstantinopels durch Sultan Mehmet II. im Jahre 1453.

Um Byzanz zu verstehen, dessen Reichsidee bis heute einen Humus des orthodoxen Europas bildet, muss man Rom verstehen und den Versuch Konstantins, Rom zu taufen. Byzanz war eine unbedeutende griechische Kleinstadt an geografisch bedeutsamer Stelle – an der Meerenge zwischen Mittelmeer und Schwarzem Meer –, bis Konstantin beschloss, aus dieser Stadt das neue, das christliche Rom zu machen. Der erste getaufte Kaiser des Imperium Romanum führte keine Reichsteilung durch, sondern eine Verlagerung des Schwerpunkts: Mit dem gewaltigen Ausbau und der Aufwertung von Byzanz gab Konstantin diesem fragilen Gebilde ein zweites Standbein. Und die Geschichte gab ihm Recht, denn als das alte Rom von den Barbaren überrannt wurde, als sich schwere Schatten über Italien senkten, da überlebte Rom noch ein volles Jahrtausend im kultivierten Osten. Während die Städte im Westen im Mittelalter ein paar tausend Einwohner zählten, konnte sich Konstantinopel mit Bagdad und Alexandria messen, erreichte zeitweise fast eine Million Menschen.

Ein Historiker stellte fest: „Byzanz war Rom! Seine Kaiser konnten sich in ungebrochener Tradition bis auf Caesar und Augustus zurückführen, ja einige seiner Institutionen und Traditionen reichten noch weiter zurück bis in die Anfänge der römischen Republik. So war es auch natürlich, dass die Byzantiner sich selbst als Römer fühlten und auch so bezeichneten: Ihr Reich war die Basileia ton Rhomaion, was nichts anderes ist als die griechische Entsprechung des lateinischen Imperium Romanum." Der Herrscher in Byzanz war der einzige Nachfolger der römischen Imperatoren, der einzige Kaiser der christlichen Welt – bis mit der Kaiserkrönung Karls des Großen am Weihnachtsfest des Jahres 800 ein zweiter Erbe Roms auf den Plan der Weltgeschichte trat.

Rom und Ost-Rom überlebten jeweils ein volles Jahrtausend, weil sie ihre Identität nicht an einem Staatsgebiet festmachten, sondern an einer Idee. Nicht die Grenzen definierten ihre Staatlichkeit, sondern die Reichsidee! Die Grenzen unterlagen stetem Wandel, Erfolgen wie Krisen: Byzanz verlor im siebten Jahrhundert seine ertragreichen Provinzen Ägypten und Syrien, später Sizilien, Kreta und Zypern an die Araber. Im Westen brachten Serben, Awaren, Bulgaren und Ungarn dem Reich Verluste ein. Ab 1071 fielen weite Teile Kleinasiens an die Seldschuken. Konstantinopel wurde von Awaren, Slawen und Persern, von Arabern und Bulgaren belagert. 1204 wurde die Stadt Konstantins von katholischen Kreuzfahrern erobert. 1369 standen die Türken östlich und westlich von Konstantinopel, machten sich 1388 die Bulgaren tributpflichtig, schlugen 1389 auf dem Amselfeld das serbische Heer. Der Sultan rüstete zur Belagerung Konstantinopels, als Manuel II. Palaiologos – 2006 durch die Regensburger Rede von Papst Benedikt XVI. zu spätem Ruhm gelangt – Kaiser wurde.

Es war die getaufte Reichsidee Roms, die Byzanz tausend Jahre alt werden ließ. Über Jahrhunderte war Byzanz von mehr Feinden umgeben als jedes andere christliche Reich. Doch in der Zeit höchster Bedrohung war es das „Reich, das in sich gespalten ist", von dem Christus sagt, dass es zugrunde gehen werde (Matthäus 12,25). Während draußen die Osmanen die Belagerung der Stadt vorbereiteten, lagen die Christen in der Stadt im Streit: Am 12. Dezember 1452 wurde in der Hágia Sophía der Name des Papstes in der Messe genannt, doch der Mönch Genadios sammelte die Opposition gegen die Union mit dem römischen Papst. Der Herausforderer, Sultan Mehmet II., war kein Mann der Kompromisse. Nach dem Tod seines Vaters ließ er zuerst seinen unmündigen Bruder und dann dessen Mörder ermorden. Es sollte weder ein Konkurrent um die Macht noch eine Spur zu diesem bleiben. Er begründete damit eine blutige Tradition, der zufolge bis ins siebzehnte Jahrhundert hinein fast jeder Sultan seine Brüder umbrachte, um Bruder- und Bürgerkriege zu vermeiden.

Bei allen Mängeln verkörperte Byzanz doch irgendwie jene Synthese von Hellenischem, Römischem und Christlichem, die Theodor Heuss meinte. Der westliche Erbe Roms, das Heilige Römische Reich, das seinen Vorläufer in Karl dem Großen hat und sein Ende durch Napoleon fand, umspannte bloß zwei dieser drei Elemente. In diesem Fehlen des Hellenismus liegt die Wurzel jener großen Spaltung, die 1054 durch das Große Schisma, 1204 durch das Wüten der Kreuzfahrer in Konstantinopel, 1453 durch den Fall Ostroms immer weiter vertieft wurde – und deren Überwindung Papst Johannes Paul II. anmahnte, als er dazu aufrief, Europa müsse wieder lernen, mit beiden Lungenflügeln zu atmen.

Auch das mitteleuropäische Heilige Römische Reich trat Roms Erbe an: Mit Carolus Magnus, den die Franzosen „Charlemagne" und die Deutschen „Karl den Großen" nennen, entsteht ein übernationales, christlich und römisch geformtes Reich, das einen universalen Anspruch und eine Sendung behauptet. Der Historiker Franz Herre meint über Karl: „Er war ein letzter Römer und ein erster Europäer, Schöpfer und Repräsentant der abendländischen Einheit." Ein letzter Römer keineswegs! Die römisch-deutschen Kaiser des Mittelalters sehen sich als richterliche Väter der ihnen anvertrauten Völker, als weltliche Brüder des geistlichen Papstes. Sie führen das gladius temporalis, während dem Papst das gladius spiritualis gebührt. Die Europa bis heute prägende Dualität von Geistlich und Weltlich, von Politik und Religion, die ihre Wurzel in Jesu Wort zur kaiserlichen Steuer hat – „Gebt dem Kaiser, was dem Kaiser gehört, und Gott, was Gott gehört" (Mk 11,17) –, diese Dualität wurde hier ausgefochten: Der Investiturstreit war jedoch ein Grenzstreit, kein Grundsatzstreit. Ein Historiker schrieb mit Recht: „Die tausendjährige Reihe römischgermanischer Kaiser erbt nur den Titel der Cäsaren. Ihre wahren Erben und Träger des abendländischen Gedankens sind die Päpste. Rom bleibt Hauptstadt des Abendlandes." Europa bleibt römisch.

Dramatisch wie die Spaltung zwischen westlicher und östlicher Christenheit ist auch die Spaltung im Westen. Die Reformation, der Nationalismus und der antikirchliche Säkularismus zerbrechen die gewachsene Dualität von gladius temporalis und gladius spiritualis, ja sie zerbrechen die Einheit des Abendlandes mit der römischen Christenheit. So zerfällt Europa – in Staaten, die kein Ideal und keine Vision verkörpern, sondern nur egoistische Interessen, die keine Reichsidee haben, sondern nur ihren engstirnigen Nationalismus. Nicht willkürlich nannte Kardinal Joseph Ratzinger in einem Vortrag im Jahr 2000 im geschichtsträchtigen Speyrer Dom den Nationalismus und die Ausschließlichkeit der technischen Vernunft die „zwei Sündenfälle Europas in der Neuzeit": Der zum Religionsersatz überhöhte Nationalismus ist eine Häresie, die das Abendland in ihrer Identität zerstört. Ratzinger forderte vor siebzehn Jahren in Speyer darum: „Europa als politische Idee muss das nationalistische Modell endlich durch ein großräumiges Konzept kultureller Gemeinschaft ersetzen, das Verfehlte am Weg des Nationalismus durch eine die Menschheit umfassende Solidarität ablösen." Hier schimmert wieder jener universale Anspruch auf, der zutiefst abendländisch ist

– und den der Nationalismus in zahllosen Kriegen und zwei Weltkriegen vernichtet hatte.

Auch die beiden Erben Roms – Byzanz und das Heilige Römische Reich – hatten ihrerseits Erben oder wenigstens solche, die dies in Anspruch nahmen. Byzanz sogar zwei: Nachdem er die Stadt Konstantinopel in Besitz genommen hatte, erdreistete sich der Sultan, sich selbst als „Kayser-i-Rum", als Kaiser der Römer, zu bezeichnen! In einem Schreiben an den mamelukischen Sultan von Ägypten schrieb er, dass er das Schwert des Glaubenskampfes in den Händen gehalten habe und der Erwartete Mohammeds sei. Vor genau fünfhundert Jahren – 1517, im Jahr der abendländischen Glaubensspaltung, nachdem alle heiligen Stätten – Konstantinopel und Jerusalem, Mekka und Medina – in seiner Hand waren, beanspruchte der osmanische Sultan den Titel des Kalifen, des Führers der Muslime. Aber auch Moskau beanspruchte die Erbschaft und bezeichnete sich als „drittes Rom". Im Westen fiel das Heilige Römische Reich 1806 dem Machtwillen Napoleons zum Opfer. Sein letzter Kaiser, Franz II. aus dem Hause Habsburg, regierte als Franz I. ab 1804 ein österreichisches Kaisertum. Wieder war die „translatio imperii" gelungen, die Erbschaft des Heiligen Römischen Reiches trat Österreich-Ungarn an.

Wie ihre Vorgängerreiche waren das Reich der Osmanen, das zaristische Russland und das habsburgische Österreich multi-ethnische und multi-religiöse Reiche, die zugleich von einer religiös gefärbten Staatsidee und einem wenigstens grundsätzlich auf Universalität zielenden Sendungsbewusstsein geprägt waren. Diese drei Reiche starben vor einem Jahrhundert: Die Revolution Lenins, die Zentrifugalkräfte des Nationalismus und der Kriegseintritt Amerikas bereiteten ihnen ein jähes Ende. Mit Wilsons Einstieg in den Ersten Weltkrieg und Lenins Sieg in Russland schien das Abendländische aus der Weltgeschichte verschwunden zu sein: Die Staaten Europas hatten zuerst ihre gemeinsame Sendung, dann ihre Einheit und schließlich ihre Weltgeltung verloren.

Die europäische Einigung, die mit den Römischen Verträgen 1957 an Gestalt gewann, schien das Potenzial in sich zu bergen, den Europäern Sendung, Einheit und Weltgeltung zurückzugeben. Das vereinte Europa hat eine Vision: einen Raum der Freiheit, des Friedens, des Rechts und des Wohlstands zu schaffen. Sie hat eine auf Universalität angelegte Sendung, denn die in ihrer Grundrechte-Charta formulierten Werte spiegeln ein Menschenbild, das auch für andere Erdteile Leuchtturm sein könnte. Wie die drei römischen Reiche bewies das vereinte Europa in den zurückliegenden sechs Jahrzehnten eine erstaunliche Wandlungsfähigkeit: geografisch wie in seiner Regierungsform und seiner politischen Methode. In diesem Jubiläumsjahr 2017 jedoch muss sich zeigen, ob seine „Reichsidee" – die Identität stiftende Vision einer gemeinsamen Zukunft – sich als stark genug erweist. Oder ob die Europäische Union – verglichen mit den drei tausendjährigen römischen Reichen – nur eine schöne, aber kurze frühlingshafte Episode in der winterlichen Geschichte des finalen Niedergangs der europäischen Zivilisation ist.

Denn wir müssen fragen: Ist das vereinte Europa im Jahr 2017 zu einem rein säkularen Projekt verkommen, das eine strikte Äquidistanz zu allen Religionen und Weltanschauungen wahren sollte? Oder darf es sich dazu bekennen, dass seine Geschichte und Geistigkeit, seine Kultur und Wissenschaft, sein Politik- und Rechtsverständnis zutiefst durchtränkt sind vom christlichen Glauben und vom Ringen der Europäer vieler Jahrhunderte mit diesem Glauben? Anders gefragt: Ist die Europäische Union ein Kunstprodukt ohne Geschichte und ohne Seele, eine Art universalistisches Modell, das eins zu eins auch anderswo konstruiert werden könnte? Oder gibt es eine Unverwechselbarkeit und Eigenheit des Europäischen, die sich in der europäischen Staatlichkeit spiegelt?

Solche Fragen sind keine Sandkastenfragen, sie sind hochaktuell: Wenn wir von Zuwanderern aus fernen Kulturkreisen Integrationsbereitschaft fordern und damit mehr als bloßen Spracherwerb meinen, dann ist es nur fair und vernünftig, ihnen das Wesen unserer Kultur zu erklären und die Quellen unserer Rechtsauffassung darzulegen. Weder die gleiche Würde von Mann und Frau noch die Religionsfreiheit noch das Gewaltmonopol des Staates erklären sich von selbst – sie waren es für unsere Ururgroßväter in Europa nicht und sie sind es nicht für einen Tschetschenen oder Syrer unserer Tage. Das bedeutet nicht, dass jeder deutsche oder italienische Polizist wissen muss, was Religionsfreiheit auf Farsi, Russisch oder Arabisch heißt, sondern dass sich die Gesellschaft insgesamt über ihre Identität und über die Quellen ihres Selbstverständnisses Rechenschaft ablegen muss.

Die Europäische Union tat dies vor einigen Jahren, als sie daranging, eine Charta der Grundrechte und kurz darauf eine Verfassung für die Union zu formulieren. Engagierte Politiker haben damals – mit Rückenwind von Papst Johannes Paul II. – dafür gekämpft, neben einem Gottesbezug (wie im deutschen Grundgesetz) auch eine Bezugnahme auf das christliche Erbe Europas zu verankern. Beides ist am sozialistischen, liberalen, laizistischen Widerstand gescheitert. Heraus kam eine zwar korrekte, aber doch einigermaßen blutleere Formulierung in der Grundrechtscharta: „In dem Bewusstsein ihres geistig-religiösen und sittlichen Erbes gründet sich die Union auf die unteilbaren und universellen Werte der Würde des Menschen, der Freiheit, der Gleichheit und der Solidarität. Sie beruht auf den Grundsätzen der Demokratie und der Rechtsstaatlichkeit.

Sie stellt den Menschen in den Mittelpunkt ihres Handelns, indem sie die Unionsbürgerschaft und einen Raum der Freiheit, der Sicherheit und des Rechts begründet."

Worin genau besteht dieses geistig-religiöse und sittliche Erbe? Wer hat es erwirtschaftet und vererbt? Und wie konnte der Erblasser so ertragreich agieren, dass es uns als Erben heute möglich ist, unsere Staatlichkeit auf der „Würde des Menschen, der Freiheit, der Gleichheit und der Solidarität" aufzubauen? Bei einer solch üppigen Erbschaft wäre doch etwas Neugier angebracht! Immerhin ist das, was hier als Fundament des vereinten Europas proklamiert wird, in weiten Teilen der Welt ringsum entweder gefährdet oder mit der Lupe zu suchen oder einfach nicht vorhanden. Es geht hier nicht um ein Alleinstellungsmerkmal Europas, aber zweifellos um so etwas wie Identität, um gefährdete Identität zugegebenermaßen.

Sicher, auch das Judentum und der Islam (wenigstens in den einst osmanisch besetzten Gebieten Südosteuropas), auch Aufklärung und ideologische Atheismen gehören zum geschichtlichen Erbe Europas. Doch selbst ein hartgesottener Kirchenfeind wird, so er um intellektuelle Redlichkeit bemüht und halbwegs gebildet ist, einräumen müssen, dass es der christliche Glaube war, der Europas Geistesgeschichte zutiefst geprägt hat. Weder Romanik, Gotik und Barock noch Renaissance, weder Dantes Divina Commedia noch Goethes Faust, weder Mittelalter noch Neuzeit, weder Aufklärung noch Moderne, weder Minderheitenrechte noch Gewaltenteilung sind ohne das Christentum denkbar. Wer die Frage, ob das Christentum zum Erbe Europas gehört, verneint, hat die Grenze vom Ideologen zum Idioten überschritten.

Spannend ist schließlich noch eine ganz andere Frage: Kann das Christentum nicht nur Wurzel, sondern auch Blüte europäischer Lebensform sein? Der politische Widerstand gegen Bezugnahmen auf das Christentum rühren ja daher, dass der Glaube in der Geschichte Europas nicht nur mit positiven, sondern auch mit fragwürdigen, zweifelhaften und zwiespältigen Entwicklungen in Verbindung gebracht wird – oft zu Unrecht, mitunter aber auch begründet. Niemand wünscht sich eine Wiederauflage des Investiturstreits noch eine Rückkehr zum cuius regio, eius religio-Prinzip des Augsburger Religionsfriedens im Jahre 1555 oder einen EU-weiten Kirchenstaat. Die Frage, ob Europas Leitkultur die christliche sein könnte, ist bedeutend attraktiver: Die Menschenwürde jeder Person, die Herrschaft des Rechts anstelle der Macht des jeweils Stärkeren, die soziale Ordnung der Gesellschaft, das Gemeinwohlprinzip, die Solidarität mit Schwachen und Wehrlosen, die Subsidiarität als Ordnungsprinzip in Staat und Gesellschaft, die Gewissensfreiheit – all dies sind authentische Früchte des Christentums.

Statt sich wie ein in die Pubertät geratener Jugendlicher immer neu gegen die eigenen Eltern zu stemmen, sollten wir Europäer das christliche Erbe des Abendlandes dankbar annehmen. Was Generationen vor uns gedacht, geforscht und geglaubt haben, ist nicht überholt und nutzlos, sondern kann, ja soll heute fruchtbar gemacht werden. Die Idee, Europa aus immer neuen Ideologien voraussetzungslos konstruieren zu wollen, ist ein selbstzerstörerischer und gefährlicher Irrweg.

Nicht was es gestern hier wirkte, sondern was es heute an Identitätsstiftung und Weltbewältigung bieten könnte, macht das Christentum so wertvoll für Europa. Gesellschaftlich könnte es uns helfen, das in Gefahr geratene Bewusstsein für Gemeinwohl wiederzuentdecken, die Herrschaft des Rechts zu verstehen und zu vermitteln, die Freiheit der Person mit der Solidarität in Harmonie zu bringen. Außenpolitisch könnte es uns in einer von religiösen und nationalistischen Fieberschüben gebeutelten Welt helfen, kraftvoll eigene Ideale und Interessen zu vertreten. Nur wenn wir Europäer uns der eigenen Identität neu bewusst werden, werden wir auch abgrenzungs- und darum integrationsfähig. Nur dann wird sich eine selbstbewusstere Gesellschaft ohne Angst gegen totalitäre Ideologien zur Wehr setzen können. Nur dann kann Bewährtes bleiben und zugleich ein Neuanfang gewagt werden. Das kann Europa im Jahre 2017 aus seiner römischen Vergangenheit lernen.

HEILIGSEIN

Heute beginne ich die Predigt nicht wie gewohnt mit „Liebe Schwestern und Brüder", sondern mit: „Liebe Heilige von Bad Säckingen". Das kommt uns natürlich deplatziert vor, weil wir im landläufigen Sinn des Wortes weder Heilige sind noch welche werden wollen. Ersteres ist ein Eingeständnis, dass wir Durchschnittschristen sind. Letzteres, dass es uns zu anstrengend oder zu langweilig ist, ein Heiliger, eine Heilige zu werden. Wie sagte mir doch vor Kurzem ein alter Zecher: „Lieber weinselig als scheinheilig!"

Der Apostel Paulus kannte solche spitzfindigen Unterscheidungen noch nicht. Seinen Brief an die römischen Christen adressiert er gleich zu Beginn „an alle in Rom, die von Gott geliebt sind, die berufenen Heiligen". Paulus redet ganz normale Christen als Heilige an. Alle, die von Gott geliebt sind und zu Christus gehören, die sind für ihn „Heilige". Wenn man das mit Paulus heute sagen würde, klingt es scheinheilig. Aber nur deshalb, weil wir an außergewöhnliche Christen denken, wenn wir von den Heiligen sprechen; an jene Frauen und Männer, mit denen wir etwas Heroisches, Übermenschliches, letztlich Unerreichbares verbinden. Eine teilweise einseitige Auffassung dessen, was Heiligkeit bedeutet, hat durch ungesunde Idealisierung zu einer schiefen Wahrnehmung beigetragen, die oft mehr bigottem Wunschdenken als tatsächlicher Biografie entsprungen ist.

Das muss man sich nüchtern vor Augen halten, nicht um zu stänkern oder die Heiligenverehrung madig zu machen, vielmehr um uns bewusst zu werden, dass auch die kanonisierten Heiligen Menschen waren mit Stärken und Schwächen. Aber das war nicht das Entscheidende an ihnen und auch nicht das Ausschlaggebende. Vielmehr haben sie ihr Leben mit all seinen Licht- und Schattenseiten Gott zur Verfügung gestellt.

Und schon sind wir mittendrin im Fest des heiligen Fridolin, des Apostels unserer Heimat und der Alemannen. Sein Gedenktag soll unseren Blick auf die Bedeutung der Heiligen und der Heiligenverehrung in unserem persönlichen Leben lenken. Wie halten wir es mit der Heiligkeit und Heiligenverehrung? Stellen wir uns vier einfache Fragen:

1. Warum verehren wir Heilige?
2. Wodurch verehren wir die Heiligen?
3. Wie verträgt sich die Heiligenverehrung mit der Ehre Gottes?
4. Lohnt es sich, dass ich mich selbst auf den Weg der Heiligkeit mache?

Erstens – Warum verehren wir Heilige?
„Ein Heiliger ist ein Mensch, durch den die Sonne scheint." So formulierte es ganz unschuldig ein Kind. Es hatte nämlich vorher ein Kirchenfenster mit Heiligenfiguren gesehen und war erstaunt vom hellen Leuchten des Bildes, weil die Sonne es von außen bestrahlte und hindurchschien. Gott ist die Sonne unseres Lebens und will uns zum Leuchten bringen. Ein Heiliger ist, wer sich von dieser Sonne zum Leuchten bringen lässt, sodass andere es wahrnehmen können.

Heilige sind jene Gläubigen, die im Stande der Gnade aus dieser Welt geschieden sind und sich jetzt in der Herrlichkeit des Himmels befinden. Alle, ohne Ausnahme, die diese beiden Voraussetzungen erfüllen, sind heilig. Aber in besonderer Weise nennen wir jene Menschen Heilige, die von der Kirche, genauer vom Papst, heiliggesprochen sind. Die Heiligsprechung hat ihnen nicht das Himmelstor geöffnet; die Heiligsprechung hat sie nur als Heilige bekannt gemacht. Die Kirche verfügt über die untrügliche Gewissheit, dass bestimmte Personen mit Sicherheit das himmlische Ziel erreicht haben.

Wir verehren die Heiligen, weil sie Freunde Gottes und unsere Wohltäter sind. Die Bezeichnung der Heiligen als Freunde Gottes ist berechtigt, denn wer im Stande der Gnade stirbt und mit der himmlischen Herrlichkeit beschenkt ist, der kann nur ein Freud Gottes sein. Im Himmel sind unendlich viele Menschen, die heilig geworden sind, die das Ziel erreicht haben. Aber die Heiligen, die wir mit Namen nennen und anrufen, sind vor anderen hervorgehoben. Im Himmel gibt es keinen Neid, dass etwa der eine dem anderen eine höhere Stellung nicht gönnt. Nein, aber es gibt eine Rangfolge unter ihnen. Die von der Kirche Kanonisierten haben eine besondere Stellung. Sie haben einen Vorrang vor anderen und werden von Gott in besonderer Weise eingesetzt, um den Menschen Wohltaten zu erweisen. Der heilige Fridolin hat das Heidentum in unserer Gegend zurückgedrängt und das Christentum verkündet. Er hat den Glauben in die Herzen der Menschen eingepflanzt, Kirchen und Klöster gegründet. Deshalb dürfen wir ihn als Vater im Glauben bezeichnen und verehren.

Die Heiligen sind Wohltäter auf Erden und erst recht sind sie Wohltäter in der Ewigkeit. Wir verehren sie, weil sie die Freunde Gottes und weil sie unsere Wohltäter sind.

Zweitens – Wodurch verehren wir die Heiligen?

Alle, die durch die Gnade mit Gott verbunden sind, sind auch untereinander verbunden. Und so sind wir, die wir noch pilgern, mit jenen verbunden, die das Ziel der Pilgerschaft erreicht haben. Diese Verbundenheit zeigen wir auf mannigfache Weise. Wir verehren die Heiligen, indem wir ihre Fürbitte anrufen. Wir zeigen damit das Vertrauen, das wir in sie setzen, denn sie tragen unsere Gebete vor den Thron des Allmächtigen.

Es scheint, dass Gott bestimmte Heilige für bestimmte Anliegen gleichsam bestellt hat. Wir wenden uns etwa bei Augenleiden an die heilige Ottilie; wir rufen den heiligen Florian an, dass er uns vor Feuersnot beschütze. Wie oft haben wir schon, wenn wir etwas verloren haben, den heiligen Antonius von Padua angerufen und wie oft hat seine Fürbitte uns den verlorenen Gegenstand zurückgebracht!

Die erste Weise, wie wir die Heiligen verehren, ist die Fürbitte, die zweite, indem wir ihre Feste feiern. Wir feiern die heilige Messe im Andenken an sie – genau das ist es, was wir hier und jetzt tun! Wir stellen ihre Bilder auf und besuchen die Stätten, an denen sie gewirkt haben. Wir verehren sie, indem wir ihre Bilder und Reliquien hochschätzen. Jeder von uns trägt ein Bild seiner lieben Angehörigen nicht nur im Herzen. Wir haben ihre Bilder auch in unseren Wohnungen, in unseren Alben aufbewahrt und halten sie in Ehren. Um wie viel mehr muss das gelten von denen, die den Sieg über Sünde und Tod errungen haben! Deshalb werden die Bilder der Heiligen in unseren Kirchen aufgestellt und ihre Reliquien verehrt.

Wir verehren die Heiligen darüber hinaus, indem wir ihre Namen tragen. Jeder von uns hat bei der Taufe den Namen eines Heiligen bekommen, denn der Heilige soll sein Patron

153

und sein Vorbild sein. Das ist der doppelte Sinn der Namensgebung: Patronat und Vorbildfunktion.

Wir verehren die Heiligen, indem wir Gegenstände und Orte unter ihren Schutz stellen. Wenn wir einmal die Ortsverzeichnisse durchschauen, dann finden wir unter der Rubrik S – „Sankt" – eine Menge von Orten, die den Namen von Heiligen tragen. Hier bei uns in Deutschland, aber genauso bei unseren Nachbarn in der Schweiz, Österreich, Frankreich, Italien und vielen andern Ländern. Diese Orte sind unter den Schutz des Heiligen gestellt, dessen Namen sie tragen: St. Blasien, St. Ulrich, St. Peter, St. Märgen, St. Moritz, St. Anton, St. Christoph, St. Georgen … Diese Namen sind ein Zeichen dafür, dass unsere gläubigen Vorfahren auf den Schutz der Heiligen vertraut haben und dass sie ihnen ein ehrendes Gedenken widmen wollten.

Wir verehren also die Heiligen, indem wir ihre Feste feiern, indem wir ihre Namen über uns anrufen, indem wir sie um Fürbitte angehen, indem wir ihren Schutz auf Gegenstände und Orte herabrufen.

Drittens – Wie verträgt sich die Verehrung der Heiligen mit der Ehre Gottes?

Ist es nicht, wie uns Gegner der Heiligenverehrung vorhalten, eine Beeinträchtigung, eine Schmälerung der Ehre Gottes? Nimmt man nicht Gott etwas weg, wenn man neben ihm noch andere verehrt?

Die Antwort lautet: Wir verehren die Heiligen um Gottes willen. Sie sind ein Abglanz Gottes. Ihre Taten sind Gottes Geschenk, seine Gnade wird in ihnen sichtbar. Es wäre geradezu undankbar gegen Gott, wollten wir die Heiligen nicht verehren, wollten wir seine Machttaten in ihnen nicht preisen. Das wäre eine Schmälerung Gottes, wenn wir gleichgültig vorübergingen an dem, was er in den Heiligen und durch sie getan hat. Nein, es ist keine Schmälerung seiner Ehre, wenn wir die Heiligen verehren. Denn Gott ist mächtig und wunderbar in seinen Heiligen. Er hat sie als seine Werkzeuge benutzt und man muss den Werkmeister preisen, der diese Werkzeuge in so herrlicher Weise geschaffen hat.

Ganz wichtig ist: Wir verehren die Heiligen nicht so, wie wir Gott ehren. Gott beten wir an. Davon kann bei der Heiligenverehrung nicht die Rede sein. Wir beten sie nicht an, wir verehren sie als Geschöpfe, die in unendlichem Abstand zum Schöpfer stehen. Wir beten Gott allein an, wir bringen das Opfer Gott allein dar. Keinem Heiligen wird das Messopfer dargebracht. Wir gedenken ihrer bei der hl. Messe und wir danken für das, was Gott an ihnen getan hat. Aber das Messopfer als Opfer des Neuen Bundes wird nur dem Schöpfer, wird nur dem allmächtigen Gott dargebracht. Wir verehren die Heiligen, aber wir beten Gott an. Recht verstandene Heiligenverehrung ist darum immer ein Lobpreis der Gnade Gottes, der solches aus schwachen Menschen zu machen vermag.

Viertens – Lohnt es sich, dass ich mich auf den Weg der Heiligkeit mache?

Die beste Verehrung der Heiligen geschieht nicht durch äußere und manchmal äußerliche Dinge, die beste Verehrung der Heiligen geschieht durch die Nachahmung. Sie sind das gelebte Evangelium. Wir sollen uns an ihnen ausrichten. Gewiss, nicht alles, was Heilige getan haben, eignet sich zur Nachahmung. Manches ist nur zu bewundern und nicht nachzuahmen.

Die Heiligen sind ein Beleg für die Erkenntnis des Apostels Paulus, dass „dort, wo die Sünde mächtig wurde, die Gnade Gottes übermächtig geworden" (Röm 5,20) ist.

Und damit sind wir bei uns selbst angelangt, liebe Mitchristen, die wir uns am Ende eines jeden Tages eingestehen müssen, dass wir wieder längst nicht das getan haben, was wir als Christen hätten tun oder lassen müssen. Das macht uns ja oft so mutlos, dass wir mit hängender Zunge und schlechtem Gewissen hinter einem moralischen Anspruch bleiben, in dem sich für viele von uns die Botschaft des Evangeliums erschöpft. Dann besteht der Glaube nur aus moralischen Anweisungen oder aus einem Codex von rigorosen Einlassbedingungen in das Gottesreich, die mit höchster Kraftanstrengung erfüllt werden müssen – unerfüllbar für uns, weil wir weder „selig" noch „heilig" werden wollen. Und dann entgeht uns, dass Jesus gerade nicht gesagt hat: „Selig seid ihr, wenn(!) ihr arm seid, wenn ihr trauert, wenn ihr Hunger und Durst habt nach der Gerechtigkeit …", sondern „Selig seid ihr, die(!) ihr arm und traurig und gewaltlos seid!" Das sind keine Einlassbedingungen. Die Seligpreisungen der Bergpredigt sind keine Zumutungen, sondern Zutrauungen: Jesus traut seinen Jüngern – uns – zu, dass sie so leben und handeln können, weil sie keine Angst mehr um sich selbst und vor allem die Angst vor Gott besiegt haben durch ein grenzenloses Vertrauen in seine Liebe.

Wir müssen nicht in allem vorbildlich und einwandfrei sein. Das Entscheidende ist längst geschehen. Denn wir sind schon auf dem Weg zur Heiligkeit, weil wir getauft sind und für immer Christus angehören. Als Getaufte können wir heilig werden, wenn wir das tun, was jemand einmal unübertrefflich so formuliert hat: „Lebe das, was du vom Evangelium begriffen hast – aber lebe es, lebe es ganz!" Wenn uns das aufgegangen ist, liebe Schwestern und Brüder, wenn uns das zu Herzen geht, wenn wir uns das zu Herzen nehmen, sind wir auf dem richtigen Weg. Dazu braucht es keine Weinseligkeit und es hat mit Scheinheiligkeit überhaupt nichts zu tun. Es lohnt sich, sich auf den Weg zur Heiligkeit zu machen, denn

„Nur die Heiligen heilen die Welt –
durch die Eiligen wird sie entstellt.
Durch die Hassenden wird sie zerstört –
durch die Prassenden eitel entleert.
Die still Tragenden bauen das Haus –
die Entsagenden schmücken es aus.
Die Gott Dienenden segnen die Zeit –
und die Sühnenden mindern das Leid.
Dich zu beteiligen, bist du bestellt:
Tritt zu den Heiligen, heile die Welt!"

KULTUR UND NATUR
Verantwortungsethik aus christlicher Sicht

31. August 2018:
Rede vor deutschen Industriellen in der päpstlichen
Akademie in den Gärten des Vatikans

Sie haben als Veranstaltungsort für das sogenannte „Römische Forum" die Casina di Pio IV. im Herzen der vatikanischen Gärten ausgewählt. Einst war dieser Palazzo auf der Höhe des Vatikan-Hügels als „Casina del Boschetto" in Rom bekannt, der als Sommerresidenz für Papst Pius IV. erbaut worden und 1561 vollendet wurde. Seit 1936 ist es allerdings der Sitz der päpstlichen Akademie der Wissenschaften, nachdem die Päpste den heißen römischen Sommer seit dem Jahr 1628 meist in dem kühleren Castel Gandolfo in den Albaner Bergen verbrachten. Heute hingegen verbringt Papst Franziskus auch die heißesten Tage des Jahres in dem moderneren und klimatisierten „Domus Sanctae Marthae", dem neuen Gästehaus der Päpste, das erst vor rund 20 Jahren unter Johannes Paul II. im Jahr 1996 fertiggestellt wurde. Diese kurze Ortsbestimmung zeigt fast parabelhaft, dass der Vatikan wie die katholische Kirche unter jedem Amtsinhaber des Petrusdienstes in Veränderung ist.

Deshalb ist die Casina del Boschetto in einem ehemaligen Wäldchen hinter der Petersbasilika auch ein idealer Ort, der uns in Rom gleichsam zeichenhaft für die schöpferische Gestaltungskraft der Kirche inmitten aller Veränderung steht. Denn dieses Haus ist ja auch eine Schnittmenge der Beständigkeit im Wandel der Zeit, wo wir nun über die Schöpfung und den Schöpfungsauftrag und ganz besonders über den Begriff der Nachhaltigkeit nachdenken und miteinander ins Gespräch kommen wollen.

Lassen Sie mich dabei zuerst einen Moment lang bei dem Begriffspaar der Natur und Kultur verweilen und innehalten. Denn wo könnten wir besser als hier, mit dem Blick auf den Petersdom, sehen und erkennen, dass die katholische Kirche seit jeher eine nachhaltige Kulturgroßmacht war, wie ich es in diesem Zusammenhang einmal sagen möchte. Doch mit dieser Ansicht bin ich natürlich nicht allein.

Nach seinem Amtsverzicht hat der emeritierte Papst Benedikt XVI. im Februar 2013 noch einmal öffentlich darauf hingewiesen, dass etwa die abendländische Musik für ihn ein „Wahrheitsbeweis des Christentums" sei, weil es doch zu denken geben müsse, dass es „Musik von der Größenordnung, wie sie im Raum des christlichen Glaubens – von Palestrina, Bach, Händel, zu Mozart, zu Beethoven und zu Bruckner – entstanden ist", in keinem anderen Kulturraum gebe. „Wo solche Antwort wächst", führte er in dem gleichen Kontext aus, „ist Begegnung mit dem wahren Schöpfer der Welt geschehen."

Hier aber, an diesem Ort, sieht jeder von uns staunend mit eigenen Augen, dass die katholische Kirche wie keine andere Kraft des Abendlands Europa und die Welt auf einzigartige Weise und nachhaltig verschönert hat.

Ein überaus großer Anteil aller Kulturschätze der Erde, die die UNESCO in ihrem Weltkulturerbe auflistet, finden sich in Italien. Das Land ist eine Supermacht der Schönheit, wie Sie alle wissen, und deshalb nicht von ungefähr ein Magnet von Menschen aus aller Welt, die sich von dieser Schönheit bereichern, beglücken und erheben lassen wollen. Und ich muss Ihnen nicht sagen und auflisten, wie viele Prozent dieser Schönheit sich davon allein der Signatur und Schöpferkraft der katholischen Kirche verdanken. Was Nachhaltigkeit konkret bedeutet, lässt sich also kaum sonst so sinnfällig und deutlich darstellen wie an der Schönheit, mit der die katholische Kirche die Stadt Rom im Lauf vieler Jahrhunderte übergossen hat.

Dies mag genügen als ein kurzer Blick auf das weite Feld der Kultur, bevor wir uns dem Feld der Natur zuwenden, wo das segen reiche Wirken der Kirche nicht ganz so stark in die Augen fällt. Zwar beteuert die ganze Christenheit seit dem 2. Jahrhundert in ihrem Credo: „Ich glaube an Gott, den Vater, den Allmächtigen, den Schöpfer des Himmels und der Erde." Dennoch scheint dem Menschen allgemein angesichts des fast grenzenlos scheinenden Reichtums und der ursprünglich fast paradieshaften Üppigkeit der Schöpfung ein Hang zum Raubbau und zur Verschwendung fast immanent. Die Venetier der Serenissima Repubblica di San Marco hatten offensichtlich kein Problem damit, die dalmatinische Küste radikal verkarsten zu lassen, um das Holz für die Schiffe ihrer Flotten zu gewinnen, auf deren Transportkapazitäten ihre märchenhafte Pracht und ihr Reichtum ruhten.

Auch von Spanien hieß es einmal, habe ich noch in der Schule gelernt, dass hier in der Antike ein Vogel noch quer durch das Land von Ast zu Ast hüpfen konnte. So bewaldet müssen wir uns die iberische Halbinsel in früheren Zeiten also vorstellen und so gewaltig den Raubbau, zu dem sich Menschen durch die üppigen Güter der Natur immer wieder verführen ließen, bis hin zu der katastrophalen Vernichtung der Regenwälder in unseren Tagen.

Ermutigt fühlte sich auch die jüdisch-christliche Kultur dabei wohl oft von dem biblischen Auftrag: „Du sollst dir die Erde untertan machen", wo wir uns den biblischen Auftrag nach dem hebräischen Original genauer so verstehen und vorstellen müssen: Du sollst Kulturland in Besitz nehmen und „urbar machen".

Eine Steigerung, die fast einem Quantensprung gleichkam, erfuhr diese Ehrfurcht vor der Schöpfung dann wie nie zuvor durch die großen Heiligen des Mittelalters, angefangen von dem Kultivierungsmeisterwerk des heiligen Benedikt. Ihm und seinen Söhnen verdanken wir noch heute den Fischbestand vieler Seen Bayerns und die Trockenlegung unzähliger Sümpfe. Das aber muss man wissen und kann es nicht so leicht sehen und erkennen wie die prachtvollen Kirchen Roms mit ihren Meisterwerken. Als eine Zäsur im Bewusstsein der Menschen Europas müssen wir dann den Sonnengesang des heiligen Franz von Assisi begreifen, auf den ich gleich zurückkommen werde, der von 1181 bis 1226 lebte.

Vorher aber will ich uns Deutsche dankbar daran erinnern, dass schon in dem Jahrhundert vor Franziskus die heilige Hildegard von Bingen über dem Rhein von der Schöpfung auf eine Weise sprach, wie noch nie zuvor davon gesprochen worden war. Sie lebte von 1098 bis 1171 und schrieb in ihrem „Liber divinorum operum" (dem „Buch der göttlichen Werke"), dass wir Menschen durch die Schöpfung lernen sollen, dass der Mensch der Gipfel der Schöpfung ist: Er allein könne sein Schicksal selbst bestimmen. Alles, was erschaffen ist, sei zum Dienst des Menschen da. In diesem Sinne sollten wir aber auch lernen, mit der Schöpfung umzugehen: Sie sei uns von Gott gegeben, nicht um unser Maß zu überschreiten, sondern um unser Leben auf mystische Weise in Beziehung mit Gott zu leben, der uns erschaffen hat.

Der heilige Franziskus steigerte und radikalisierte diese Weltsicht nach der heiligen Hildegard dann in seinem Sonnengesang, wo er die Erde als Schwester und Mutter, den Wind als Bruder, das Wasser als Schwester oder das Feuer als Bruder pries. So ist es kein Wunder, dass Papst Franziskus in seiner großen Umweltenzyklika vom 24. Mai 2015 auf diese Radikalisierung Bezug nahm und sie mit einem Zitat aus eben diesem Gesang „Laudato si'" eröffnete („Gelobt seist Du, mein Herr!"). Es war gleichsam eine Verbeugung des Pontifex vor dem Poverello aus Assisi und seiner Schöpfungsspiritualität.

Doch natürlich hatte auch diese Enzyklika – wie alles in der Kirche Christi – eine Vorgeschichte, die weit in die Kirchengeschichte zurückreichte. Denn schon im Epochenjahr 1989 wurde der 1. September, an dem das orthodoxe Kirchenjahr beginnt, dem Erhalt und der Pflege der Schöpfung gewidmet, als der ökumenische Patriarch Dimitrios „die ganze orthodoxe und christliche Welt" erstmals einlud, fortan an diesem Tag „zum Schöpfer der Welt zu beten: mit Dankgebeten für die große Gabe der geschaffenen Welt und mit Bittgebeten für ihren Schutz und ihre Erlösung". Diese Initiative wurde 1992 von der gesamten orthodoxen Kirche übernommen. Es solle damit ein „Tag des Dankes für die große Gabe der Schöpfung und der Bitte um deren Erhaltung und Heiligung" für die ganze Christenheit etabliert werden. Zahlreiche ökumenische Versammlungen schlossen sich an. Von der 3. Ökumenischen Versammlung im September 2007 im rumänischen Sibiu (dem ehemaligen Hermannstadt in Siebenbürgen) stammt die Empfehlung, „dass der Zeitraum zwischen dem 1. September und dem 4. Oktober dem Gebet für den Schutz der Schöpfung und der Förderung eines nachhaltigen Lebensstils gewidmet wird, um den Klimawandel aufzuhalten".

Die römisch-katholische Kirche hat auf diesen Impuls aus der orthodoxen Kirche im Jahr 2015 den 1. September schließlich als Weltgebetstag für die Bewahrung der Schöpfung eingeführt, wobei Papst Franziskus die beiden Kardinäle Peter Turkson und Kurt Koch beauftragte, diesen Tag innerkatholisch zu gestalten und in ökumenischer Zusammenarbeit zu fördern.

„Wir Menschen sind Geist und Wille", hatte Papst Benedikt XVI. davor schon in seiner großen Rede im Deutschen Bundestag am 22. September 2011 in Berlin den staunenden Parlamentariern Deutschlands erklärt. „Aber der Mensch ist auch Natur und sein Wille ist dann recht, wenn er auf die Natur achtet, sie hört und sich ihrer annimmt als der, der er ist und sich nicht selbst gemacht hat. Gerade so und nur so vollzieht sich wahre menschliche Freiheit." Und er fuhr fort, dass uns im Laufe des neuzeitlichen Fortschritts bewusst geworden sei, „dass irgendetwas in unserem Umgang mit der Natur nicht stimmt. Dass Materie nicht nur Material für unser Machen ist. Sondern die Erde trägt ihre Würde in sich selbst und wir müssen ihrer Weisung folgen."

Vor ihm hatte der heilige Papst Johannes Paul II. schon in seiner ersten Enzyklika „Redemptor Hominis" kurz nach seiner Wahl im Jahr 1979 geschrieben: „Der Mensch scheint oft keine andere Bedeutung seiner natürlichen Umwelt wahrzunehmen als allein jene, die den Zwecken eines unmittelbaren Gebrauchs und Verbrauchs dient". Er rief dabei zu einer weltweiten ökologischen Umkehr auf und benutzte in seiner Sozialverkündigung erstmals den Begriff der „Humanökologie".

Dieser Begriff Johannes Pauls II. bezieht sich auf die Verantwortung des Menschen für unser „gemeinsames Haus", wie er es nannte, das ein Geschenk sei, das vor verschiedenen Formen des Niedergangs geschützt werden muss. Dafür müssten alle „Lebensweisen, die Modelle von Produktion und Konsum und die verfestigten Machtstrukturen geändert werden, die heute die Gesellschaften beherrschen".

Solche Verantwortungsethik bedeute aber zunächst die Anerkennung unserer Geschöpflichkeit im Sinne der Personalität des Menschen: Denn der Gedanke, dass es irgendwo ein Wesen geben könnte, das ein zweites Ich-selber wäre, kommt uns unheimlich vor. Kein Geschöpf auf dieser Erde ist so sehr eine Welt für sich wie der Mensch. Er ist Person und nur von dieser Personalität her lässt sich unsere soziale Wesensanlage begreifen. Der Mensch ist fähig, „seinen Schöpfer zu erkennen und zu lieben". Darum ist er von ihm „zum Herrn über alle irdischen Geschöpfe gesetzt".

Das göttliche Geschenk der Personalität bedeutet deshalb vor allem auch Freiheit und Verantwortlichkeit: Uns Menschen ist die Flucht in die Fremdverantwortung verwehrt. Mit unserer selbstverantwortlichen Entscheidung ist das „Einstehen müssen" verbunden. Dies kann unter Umständen sogar die Gefährdung unserer menschlichen Existenz bedeuten. Denn diese Verantwortung ist Zeichen unserer gottesebenbildlichen Würde und zugleich Auftrag zur selbstverantwortlichen Entfaltung unserer Person.

Wir dürfen deshalb unsere Natur und unsere Umwelt nicht einfach als voraussetzungslos betrachten, ganz gleich, was mit der Natur und der Umwelt geschieht. Mit Romano Guardini kritisiert Papst Franziskus in seiner Enzyklika „Laudato si'", dass „der Mensch nicht zum richtigen Gebrauch seiner Macht erzogen wird". In diesem Sinne mahnt Papst Franziskus einen Kulturwandel zugunsten einer ökologischen Verantwortung an. Ökologische und soziale Probleme, der Einsatz für die Umwelt und der Einsatz für die Armen seien auf keinen Fall voneinander zu trennen. Es ist an dieser Stelle, wo Papst Franziskus den Begriff der sozialethischen Verantwortung einführt und den Begriff der „Nachhaltigkeit".

„Ohne eine Solidarität zwischen den Generationen kann von nachhaltiger Entwicklung keine Rede mehr sein", sagt er hier und weiter: „Wenn wir an die Situation denken, in der der Planet den kommenden Generationen hinterlassen wird, treten wir in eine andere Logik ein, in die des freien Geschenks, das wir empfangen und weitergeben. Wenn die Erde uns geschenkt ist, dann können wir nicht mehr von einem utilitaristischen Kriterium der Effizienz und der Produktivität für den individuellen Nutzen her denken. Wir reden hier nicht von einer optionalen Haltung, sondern von einer grundlegenden Frage der Gerechtigkeit und der Verantwortung, da die Erde, die wir empfangen haben, auch jenen gehört, die erst noch kommen."

In diesem Sinne kommt Ihnen aus der Perspektive christlicher Verantwortungsethik eine besondere Funktion auch für die Bewahrung und den Erhalt der Schöpfung und unserer Lebensgrundlagen zu. Denn als Familienunternehmer und Unternehmerinnen sind Sie ja lebende Beispiele für das Thema generationenübergreifender und damit nachhaltiger Verantwortung. Sie leben Nachhaltigkeit, denn Sie wissen: Zukunft braucht Herkunft! In diesem Sinne muss es einen engen Schulterschluss zwischen der Kirche und den Unternehmern zum Wohle der Schöpfung und der Armen geben.

In diesem Sinne betrachtet Papst Franziskus Sie als bevorzugte Partner beim Aufbau eines Wirtschaftssystems, das aus christlicher und unternehmerischer Verantwortung für unser gemeinsames „Haus" heraus keine Opfer mehr produziert oder zulässt. Sie können – wie der Heilige Vater es formulierte – „Ihre Gewinne dafür einsetzen, Strukturen zu verändern, dem Entstehen von Opfern und Ausschuss bereits im Ansatz entgegenzuwirken; mehr von Ihrem Sauerteig hergeben, um das Brot von Vielen zu durchsäuern". Sie sprechen mit dem Papst das „Ja" zu einer Wirtschaft, die Leben ermöglicht, die Umwelt schützt und erhält, weil Sie teilen, die Armen einbeziehen und Ihre Gewinne nutzen, um Gemeinschaft zu stiften.

Dafür bedanke ich mich von Herzen an diesem Vorabend des Weltgebetstages für die Bewahrung der Schöpfung, an dem Sie sich hier und heute als deutsche Familienunternehmer und Unternehmerinnen getroffen und versammelt haben, um sich auf Grundlage der päpstlichen Sozialverkündigung und der Enzyklika „Laudato si'" aktiv zu engagieren und damit auf die Einladung des Papstes zum Dialog schöpferisch zu antworten.

Als Präfekt des Päpstlichen Hauses möchte ich an dieser Stelle den Dank am Schluss aber auch noch mit einer höchst persönlichen Bitte und einem Appell verbinden. Von den vielen Prüfungen, die die Kirche Jesu Christi in unserer Zeit erleidet, muss ich hier zu keinem gesondert sprechen. Die schlimme Krise der Kirche ist unübersehbar. Und in der Sphäre der Politik sieht es auf der Welt kaum besser aus, wie ich Ihnen nicht extra erklären muss. Helfen Sie deshalb doch bitte besonders mit, dass die verletzte Kirche in dieser dunklen Stunde wieder zur inspirierenden Vorhut einer nachhaltigen Großmacht zum Erhalt und der Pflege der Schöpfung für die ganze bedrohte Erde wird, die sich an so vielen Ecken Roms schon so lange als nachhaltige Kulturgroßmacht der Schönheit in das Auge jedes Betrachters brennt! Denn es bleibt doch trotz aller Sünden und Schwächen die Kirche unseres Herrn und Erlösers. Helfen Sie deshalb auf Ihre Weise, dass sie wieder neu zu leuchten beginnt im Licht jener Feuerkraft des Heiligen Geistes, das schon ihren Anfang in Jerusalem am ersten Pfingsttag begleitet und beleuchtet hat.

Dazu ein dreifaches Vergelt's Gott: DANKE, dass Sie gekommen sind, DANKE, dass Sie sich engagieren. DANKE, dass Sie aktiv GUTES tun. Das weiß unser Heiliger Vater sehr zu schätzen. Diese Botschaft darf ich Ihnen heute Abend von Herzen von ihm selbst überbringen, zusammen mit einem wachen „Grüß Gott" des Papa emeritus, von dem ich Sie ebenfalls heute Abend recht herzlich grüßen soll, der seinen Lebensabend ja kaum 200 Meter entfernt von dieser „Casina del Boschetto" verbringt.

Gott segne und beschütze Sie alle!

DAS „NINE-ELEVEN"
DER KATHOLISCHEN KIRCHE

11. September 2018:
Vorstellung des Buches „Die Benedikt-Option" von Rod Dreher
im italienischen Parlament zu Rom

Vielen Dank für die Einladung in dieses Hohe Haus, die ich gern angenommen habe, um das Buch von Rod Dreher aus Amerika vorzustellen, von dem ich schon viel gehört hatte. Der Mönchsvater aus Norcia, dem das Buch seinen programmatischen Titel verdankt, hatte mich sehr gereizt, hierherzukommen. Aber auch das Datum hat mich sehr berührt und bewegt, an dem wir heute Abend mit dem kühnen Autor hier in Rom zusammetreffen.

Denn es ist ja der 11. September, der in Amerika seit dem Herbst 2001 nur noch als „Nine-Eleven" bezeichnet wird, um an jenes apokalyptische Unheil zu erinnern, in dem damals Mitglieder der Terrororganisation Al Khaida in New York und Washington die Vereinigten Staaten von Amerika vor den Augen aller Welt angriffen – wobei sie voll besetzte Passagiermaschinen, die sie im Flug gekapert hatten, als Granaten benutzten.

Je mehr ich mich im Hurrikan der Nachrichten der letzten Wochen über das Buch Rod Drehers beugte, musste ich nach der Veröffentlichung des Berichts der Grand Jury von Pennsylvania unser Zusammentreffen heute Abend nur noch als einen Akt göttlicher Fügung begreifen, wo nun auch die katholische Kirche voller Entsetzen auf ein eigenes „Nine-Eleven" schauen muss, auch wenn diese Katastrophe leider nicht nur mit einem Datum, sondern mit vielen Tagen und Jahreszahlen und mit zahllosen Opfern verbunden ist.

Verstehen Sie das nicht falsch. Ich will weder die Opfer noch die Zahlen der Missbräuche im Raum der katholischen Kirche mit den insgesamt 2.996 unschuldigen Menschen vergleichen, die am 11. September 2001 bei den Terrorangriffen auf das World Trade Center und das Pentagon ihr Leben verloren.

Keiner hat die Kirche Christi (bisher) mit vollbesetzten Passagierflugzeugen angegriffen. Der Petersdom steht noch und all die Kathedralen Frankreichs, Deutschlands oder Italiens, die immer noch die Wahrzeichen vieler Städte der westlichen Welt von Florenz über Chartres bis Köln und München sind.

Und dennoch: Die Nachrichten, die uns in letzter Zeit aus Amerika darüber Auskunft erteilen, wie viele Seelen von Priestern der katholischen Kirche unheilbar und tödlich verletzt worden sind, vermitteln eine schlimmere Botschaft, als seien alle Kirchen Pennsylvanias auf einmal eingestürzt – zusammen mit der „Basilika der Unbefleckten Empfängnis Unserer Lieben Frau" in Washington D.C.

Dabei erinnere ich mich, als sei es gestern gewesen, wie ich Papst Benedikt XVI. am 16. April 2008 in dieses Nationalheiligtum der katholischen Kirche in den Vereinigten Staaten von Amerika begleiten durfte, wo er die Bischöfe des Landes herzergreifend aufzurütteln versuchte und gebeugt von der „tiefen Scham" über den „sexuellen Missbrauch von Minderjährigen durch Priester" sprach und „von dem enormen Schmerz, den eure Gemeinden erlitten haben, als Kleriker ihre priesterlichen Pflichten und Aufgaben durch ein so schwerwiegend unsittliches Verhalten verraten haben".

Es war wohl vergeblich, wie wir heute sehen. Die Klage des Heiligen Vaters hat dem Bösen nicht Einhalt bieten können und auch nicht die Lippenbekenntnisse von einem Großteil der Hierarchie.

Und nun ist Rod Dreher unter uns, der sein Buch mit den Worten beginnt: „Niemand hatte die große Flut kommen sehen." In seiner Danksagung hat er es auf besondere Weise Papst Benedikt XVI. gewidmet. Und er hat es – wie mir scheint – in weiten Teilen quasi im stillen Dialog mit dem schweigenden Papa emerito verfasst, unter Berufung auf dessen analytisch-prophetische Kraft, wo er sagt:

„Im Jahr 2012 sagte der damalige Pontifex, die spirituelle Krise, die den Westen ergreift, sei die gravierendste seit dem Untergang des Römischen Reiches gegen Ende des fünften Jahrhunderts. Das Licht des Christentums ist überall im Westen am Verlöschen."

Erlauben Sie im Folgenden deshalb bitte auch mir, die Vorstellung der „Benedikt-Option" Rod Drehers mit einigen Worten aus dem Mund Benedikts XVI. zu begleiten, die mir in seinem Dienst unvergesslich wurden und im Lauf der Lektüre wieder durch den Kopf gegangen sind, etwa aus jener Stunde am 11. Mai 2010, als er auf dem Flug nach Fatima den mitfliegenden Journalisten Folgendes anvertraute:

„Der Herr hat uns gesagt, dass die Kirche auf verschiedene Weise immer leiden würde bis zum Ende der Welt … Unter dem Neuen, das wir heute (im dritten Geheimnis der Botschaft von Fatima) entdecken können, ist auch die Tatsache, dass die Angriffe gegen den Papst und die Kirche nicht nur von außen kommen. Sondern die Leiden der Kirche kommen gerade aus dem Inneren der Kirche. Sie kommen von der Sünde, die in der Kirche existiert. Auch das war immer bekannt, aber heute sehen wir es auf wahrhaft erschreckende Weise: Die größte Verfolgung der Kirche kommt nicht von den äußeren Feinden, sondern erwächst aus der Sünde innerhalb der Kirche."

Da war er schon fünf Jahre lang Papst. Mehr als fünf Jahre zuvor – am 25. März 2005 – hatte Kardinal Ratzinger auf dem Kreuzweg am Karfreitag am Kolosseum vor dem sterbenden Johannes Paul II. an der 9. Station folgende Worte gefunden:

„Müssen wir beim dritten Fall Jesu unter dem Kreuz nicht auch daran denken, wie viel Christus in seiner Kirche selbst erleiden muss? Wie oft wird das heilige Sakrament seiner Gegenwart missbraucht, in welche Leere und Bosheit des Herzens tritt er da oft hinein? Wie oft feiern wir nur uns selbst und nehmen ihn gar nicht wahr? Wie oft wird sein Wort verdreht und missbraucht? Wie wenig Glaube ist in so vielen Theorien, wie viel leeres Gerede gibt es? Wie viel Schmutz gibt es in der Kirche und gerade auch unter denen, die im Priestertum ihm ganz zugehören sollten? Wie viel Hochmut und Selbstherrlichkeit? All das ist in seiner Passion gegenwärtig. Der Verrat der Jünger, der unwürdige Empfang seines Leibes und Blutes, muss doch der tiefste Schmerz des Erlösers sein, der ihn mitten ins Herz trifft. Wir können nur aus tiefster Seele zu ihm rufen: Kyrie, eleison – Herr, rette uns!"

Vom heiligen Johannes Paul II. hatten wir davor gelernt, dass in unserer geschichtlichen Stunde die wahre und vollendete Ökumene die Ökumene der Märtyrer sei, wo wir die heilige Edith Stein neben Dietrich Bonhoeffer als Fürsprecher im Himmel in unseren Nöten anrufen dürfen. Doch wie wir inzwischen wissen, gibt es auch eine Ökumene der Not und der Verweltlichung und eine Ökumene des Unglaubens und der gemeinsamen Flucht vor Gott und aus der Kirche quer durch alle Konfessionen. Und eine Ökumene der allgemeinen Gottesverfinsterung. Jetzt erleben wir deshalb nur die Wasserscheide eines Epochenwandels, den Dreher vor einem Jahr schon in Amerika prophetisch vorgestellt hat. Er hatte die große Flut kommen sehen!

Er hält aber auch fest, dass Gottesfinsternis eben nicht heißt, dass es Gott nicht mehr gibt, sondern dass viele Gott nicht mehr erkennen, weil sich Schatten vor den Herrn geschoben haben. Heute sind es die Schatten der Sünden und Vergehen und Verbrechen aus dem Raum der Kirche, die seine leuchtende Gegenwart für viele verdunkeln.

Die Volkskirche, in die wir noch hineingeboren wurden und die es in Amerika nie so gab wie in Europa, ist im Prozess dieser Verfinsterung schon lange gestorben. Klingt Ihnen das zu dramatisch?

Die Austrittzahlen sind dramatisch. Noch dramatischer erscheint allerdings ein anderes. Von den Katholiken, die in Deutschland noch nicht aus der Kirche ausgetreten sind, treffen sich nach jüngsten Erhebungen nur noch 9,8 Prozent am Sonntag in ihren Gotteshäusern zur gemeinsamen Feier der allerheiligsten Eucharistie.

Das erinnert mich wieder an die erste Reise Papst Benedikts nach seiner Wahl, als er den großenteils jugendlichen Zuhörern am 29. Mai 2005 am Ufer der Adria folgende Erinnerung ans Herz legte: Der Sonntag sei als ein „wöchentliches Ostern" Ausdruck der Identität der christlichen Gemeinschaft und Mittelpunkt ihres Lebens und ihrer Sendung. Das Thema des Eucharistischen Kongresses („Ohne den Sonntag können wir nicht leben") führe aber zurück in das Jahr 304, als Kaiser Diokletian den Christen unter Todesstrafe verbot, die Heilige Schrift zu besitzen, am Sonntag zur Feier der Eucharistie zusammenzukommen und Räume für ihre Versammlungen zu errichten:

„In Abitene aber, einem kleinen Dorf im heutigen Tunesien, wurden eines Sonntags 49 Christen, die im Haus des Octavius Felix zusammengekommen waren, überrascht, als sie die Eucharistie feierten und sich damit den kaiserlichen Verboten widersetzten. Sie wurden festgenommen und nach Karthago gebracht, um vom Prokonsul Anulinus verhört zu werden. Bedeutsam war unter anderem die Antwort eines gewissen Emeritus an den Prokonsul, der ihn fragte, warum sie dem strengen Befehl des Kaisers zuwidergehandelt hätten. Er antwortete: ,Sine dominico non possumus'. Das bedeutet: Ohne uns am Sonntag zur Feier der Eucharistie zu versammeln, können wir nicht leben. Es würden uns die Kräfte fehlen, uns den täglichen Schwierigkeiten zu stellen und nicht zu unterliegen. Nach grausamer Folter wurden diese 49 Märtyrer von Abitene getötet. So bezeugten sie mit dem Vergießen ihres Blutes ihren Glauben. Sie starben, haben aber gesiegt: Wir gedenken ihrer jetzt in der Herrlichkeit des auferstandenen Christus."

Das heißt: Was wir als Kinder in den sogenannten Volkskirchen noch als sogenannte „Sonntagspflicht" kennengelernt haben, ist in Wahrheit das kostbare Alleinstellungsmerkmal der Christen. Und es ist viel älter als alle Volkskirchen. Es ist also eine wahrhaft endzeitliche Krise, in der sich die katholische Kirche inzwischen seit Langem schon befindet, wie sie aber auch schon meine Mutter und mein Vater in ihren Tagen wahrzunehmen vermeinten – mit „Gräueln der Verwüstung an heiliger Stätte" – und die ja vielleicht jede Generation der Kirchengeschichte an ihrem Horizont erkannte.

Zuletzt aber fühlte ich mich an manchen Tagen in die Tage meiner Kindheit versetzt – zurück in die Schmiede meines Vaters im Schwarzwald, wo die Hammerschläge auf den Amboss kein Ende nahmen, doch ohne meinen Vater, dessen sicheren Händen ich wie den Händen Gottes vertraute.

Dabei bin ich offensichtlich nicht allein. Im Mai hat auch der Erzbischof von Utrecht in Holland, Kardinal Willem Jacobus Eijk, gestanden, dass ihn die gegenwärtige Krise an „die letzte Prüfung der Kirche" erinnere, wie sie der Katechismus der Katholischen Kirche im Absatz 675 mit den Worten beschreibt, dass die Kirche sie vor der Wiederkehr Christi durchmachen müsse, als Prüfung, „die den Glauben vieler erschüttern wird". Und wo es im selben Katechismus weiter heißt: „Die Verfolgung, die die Pilgerschaft der Kirche auf Erden begleitet, wird das ‚Mysterium der Bosheit' enthüllen."

Mit diesem „Mysterium iniquitatis" ist auch Rod Dreher vertraut wie ein Exorzist, wie er mit seinen Berichten der letzten Monate bewiesen hat, wo auch er die Aufklärung der Skandalgeschichte des ehemaligen Erzbischofs von Newark und Washington wie vielleicht kaum sonst ein Journalist befördert hat. Dennoch ist er kein Enthüllungsreporter. Er ist auch kein Fantast, sondern ein nüchterner Analytiker, der den Zustand von Kirche und Welt seit Langem wach und kritisch verfolgt und sich dennoch einen fast kindlich-liebenden Blick auf die Welt bewahrt hat.

Deshalb legt Dreher auch keinen apokalyptischen Roman vor wie den berühmten „Herrn der Welt", mit dem der britische Geistliche Robert Hugh Benson im Jahr 1906 die angelsächsische Welt erschütterte. Eher gleicht Drehers Buch einer praktikablen Anleitung zum Bau einer Arche, weil er weiß, dass es keinen Staudamm gibt, mit dem sich die große Flut noch aufhalten ließe, die nicht erst seit gestern dabei ist, das alte christliche Abendland zu überschwemmen, zu dem für ihn wie selbstverständlich auch Amerika gehört.

Das macht auch gleich einen dreifachen Unterschied zwischen Dreher und Benson deutlich: Als waschechter Amerikaner ist Dreher erstens praktischer als der etwas spleenige Brite aus Cambridge in der Epoche vor dem I. Weltkrieg. Zweitens ist Dreher als Bürger Louisianas Hurrikan-erprobt. Und drittens ist er überhaupt kein Geistlicher, sondern ein Laie, der nicht in fremdem Auftrag, sondern aus ureigenem Willen und Eifer für das Reich Gottes wirbt, das Jesus Christus für uns ausgerufen hat. In dem Sinn ist er ein Mann ganz nach dem Gefallen und Geschmack von Papst Franziskus, der wie wohl kaum ein Zweiter in Rom weiß, dass die Krise der Kirche in ihrem Kern eine Krise des Klerus ist. Und dass nun die Stunde der souveränen Laien geschlagen hat, vor allem in den neuen und unabhängigen katholischen Medien, wie sie Rod Dreher geradezu verkörpert.

Die Leichtigkeit seiner Darstellung hat wohl mit den noblen Erzähltraditionen der Südstaaten Amerikas zu tun, denen Mark Twain einmal globalen Rang verliehen hat. Und wenn ich vorhin sagte, dass ich mich zuletzt wiederholt als Kind in der Schmiede vor den Hammerschlägen meines Vaters auf den Amboss wiedergesehen habe, dann muss ich gestehen, dass mich die unkomplizierte Lektüre dieses gewichtigen Buches auch immer wieder in die Abenteuerwelt meiner Kindheit entführt hat, wo ich Tom Sawyer und seinem Freund Huck' Finn hinterherträumte.

Bei Rod Dreher hingegen geht es nicht um Träume, sondern um Fakten und um Analysen, die er zu Sätzen wie diesem verdichtet: „Der psychologische Mensch hat auf ganzer Linie gesiegt und beherrscht nun unsere Kultur – einschließlich der meisten Kirchen – so sicher, wie einst die Ostgoten, Westgoten, Vandalen und andere Eroberungsvölker die Überreste des Weströmischen Imperiums beherrschten."

Oder: „Unsere Wissenschaftler, unsere Richter, unsere Fürsten, unsere Gelehrten und Schriftsteller arbeiten daran, den Glauben, die Familie, die Geschlechterordnung, ja sogar die Definition, was es heißt, Mensch zu sein, niederzureißen. Die Barbaren unserer Zeit haben die Tierfelle und Speere der Vergangenheit gegen Designeranzüge und Smartphones eingetauscht."

Kapitel 3 seines Buches beginnt er mit den Worten: „Man kann nicht in die Vergangenheit zurückreisen, aber man kann nach Norcia reisen."

Kurz danach fährt er dann – prophetisch aktuell, doch überhaupt nicht hämisch – folgendermaßen fort: „Eine Legende besagt, in einem Streitgespräch mit einem Kardinal habe Napoleon darauf hingewiesen, dass es in seiner Macht stünde, die Kirche zu vernichten." „Majestät", entgegnete der Kardinal, „wir – die Geistlichkeit – haben seit 1800 Jahren unser Möglichstes getan, die Kirche zu zerstören. Es ist uns nicht gelungen. Und Euch wird es auch nicht gelingen." Und weiter: „Vier Jahre, nachdem die Benediktiner aus ihrem Kloster in Norcia vertrieben worden waren, lag Napoleons Reich dann in Trümmern und der anmaßende Kaiser selbst war im Exil. Heute sind in der Heimatstadt des heiligen Benedikt hingegen erneut gregorianische Choräle zu hören …"

Im selben Norcia war allerdings zuletzt auch das Brüllen aus der Tiefe in jenem großen Erdbeben zu hören, das im August 2016 die Stadt erschütterte und die Basilika des heiligen Benedikt in wenigen Sekunden bis auf die Frontfassade in Trümmer legte. Zur etwa gleichen Zeit setzten Wolkenbrüche aber auch die Heimatstadt Rod Drehers am Oberlauf des Mississippi unter Hochwasser. Es sind zwei dramatische Schlüsselszenen, die nun wie nach einem himmlischen Drehbuch am Anfang und am Ende seines Buches stehen – und wie zur Illustration einer These, die Dreher im 1. Kapitel so formuliert: „Die Realität unserer Situation ist in der Tat alarmierend, aber wir können es uns nicht leisten, in eine Untergangshysterie zu verfallen. Es steckt ein verborgener Segen in dieser Krise, wenn wir ihn nur wahrnehmen wollten ... Der kommende Sturm könnte das Mittel sein, mit dem Gott uns rettet."

Der Begriff des Erdbebens war in den letzten Tagen häufig innerhalb der Kirche zu hören für jenen Zusammenbruch, von dem ich sage, dass damit nun auch die katholische Kirche ihr „Nine-Eleven" erlebt hat.

Rod Dreher beschreibt die Antwort der Mönche von Norcia auf die Katastrophe, die ihre Abtei am Geburtsort des heiligen Benedikt in Trümmer gelegt hat: „Die Benediktinermönche von Norcia sind auf eine Weise zum Zeichen für die Welt geworden, die ich nicht vorhersehen konnte, als ich begann, dieses Buch zu schreiben. Das Beben schlug mitten in der Nacht zu, aber die Mönche waren wach, um die Matutin zu beten. Sie verließen das Kloster fluchtartig und brachten sich auf der offenen Piazza des Ortes in Sicherheit. Rückblickend merkte Pater Cassian an, das Erdbeben könne als Symbol für den Zusammenbruch der christlichen Kultur im Westen gesehen werden, aber es habe in jener Nacht noch ein zweites, hoffnungsvoll stimmendes Symbol gegeben. Dieses zweite Symbol war die Versammlung der Menschen rund um die Statue des heiligen Benedikt auf der Piazza und ihr gemeinsames Gebet. Das ist der einzige Weg zum Wiederaufbau."

Nach diesem Zeugnis Pater Cassians darf ich Ihnen verraten, dass sich auch Benedikt XVI. seit seinem Rücktritt als alter Mönch versteht, der sich nach dem 28. Februar 2013 vor allem dem Gebet für die Mutter Kirche und seinen Nachfolger Papst Franziskus und das von Christus selbst gestiftete Petrusamt verpflichtet weiß.

Aus dem Kloster MATER ECCLESIAE hinter der Petersbasilika würde der alte Mönch im Blick auf das Werk Drehers
deshalb wohl auf eine Ansprache verweisen, die er als amtie-
render Papst am 12. September 2008 im Collège des Bernar-
dins in Paris vor der geistigen Elite Frankreichs gehalten hat.
Das ist morgen vor genau zehn Jahren gewesen und diese Rede
will auch ich Ihnen deshalb in Auszügen noch einmal hier
kurz vorstellen:

„Im großen Kulturbruch der Völkerwanderung und der sich
bildenden neuen staatlichen Ordnungen waren die Mönchs-
klöster der Ort, an dem die Schätze der alten Kultur überlebten und zugleich von ihnen her eine neue Kultur langsam ge-
formt wurde", sagte Benedikt XVI. damals und fragte: „Aber
wie ging das zu? Was hat die Menschen bewegt, die sich an diesen Orten zusammenfanden? Was wollten sie? Wie haben sie
gelebt? Da ist zunächst und als Erstes ganz nüchtern zu sagen,
dass es nicht ihre Absicht war, Kultur zu schaffen oder auch
eine vergangene Kultur zu erhalten. Ihr Antrieb war viel ele-
mentarer. Ihr Ziel hieß: quaerere Deum – Gott suchen. In der
Wirrnis der Zeiten, in der nichts standzuhalten schien, wollten sie das Wesentliche tun – sich bemühen, das immer Gültige und Bleibende, das Leben selber zu finden. Sie waren auf
der Suche nach Gott. Sie wollten aus dem Unwesentlichen
zum Wesentlichen, zum allein wirklich Wichtigen und Verlässlichen kommen. Sie suchten das Endgültige hinter dem
Vorläufigen …

Quaerere Deum – Gott suchen und sich von ihm finden lassen, das ist heute nicht weniger notwendig denn in vergangenen Zeiten. Eine bloß positivistische Kultur, die die Frage nach
Gott als unwissenschaftlich ins Subjektive abdrängen würde,
wäre die Kapitulation der Vernunft, der Verzicht auf ihre
höchsten Möglichkeiten und damit ein Absturz der Humani-

tät, dessen Folgen nur schwerwiegend sein könnten. Das, was die Kultur Europas gegründet hat, die Suche nach Gott und die Bereitschaft, ihm zuzuhören, bleibt auch heute Grundlage wahrer Kultur."

So weit Papst Benedikt XVI. am 12. September 2008 über die wahre „Option" des heiligen Benedikt von Nursia. – Danach bleibt mir nur noch dies über Drehers Buch zu sagen: Es enthält keine fertige Antwort. Es findet sich hier kein Patentrezept oder ein Generalschlüssel für alle Tore, die so lange für uns offenstanden und nun wieder krachend ins Schloss gefallen sind. Zwischen diesen beiden Buchdeckeln findet sich aber ein authentisches Beispiel für das, was Papst Benedikt vor zehn Jahren über den benediktinischen Geist des Anfangs gesagt hat. Es ist ein wahres „Quaerere Deum". Es ist jene Suche nach dem wahren Gott Isaaks und Jakobs, der in Jesus von Nazaret sein menschliches Gesicht gezeigt hat.

Deshalb kommt mir hier noch ein Satz aus dem Kapitel 4,21 der Regel des heiligen Benedikt in den Sinn, der ebenfalls und unausgesprochen das gesamte Buch Drehers als Cantus Firmus durchzieht und beseelt. Das ist das legendäre „Nihil amori Christi praeponere". Das heißt übersetzt: nichts der Liebe zu Christus vorziehen. Es ist der Schlüssel, dem sich das ganze Wunderwerk des abendländischen Mönchstums verdankt.

Benedikt von Nursia war ein Leuchtturm in der Völkerwanderung, als er die Kirche durch die Wirren der Zeit rettete und damit die europäische Zivilisation im gewissen Sinn neu begründete. Nun aber erleben wir nicht nur in Europa, sondern auf der ganzen Erde seit Jahrzehnten wieder eine Völkerwanderung, die niemals mehr an ein Ende kommen wird, wie Papst Franziskus klar erkannt hat und uns allen eindringlich ins Gewissen redet. Deshalb ist diesmal auch nicht alles anders als damals.

Wenn die Kirche sich dieses Mal nicht wieder mit Gottes Hilfe zu erneuern versteht, steht deshalb auch wieder das ganze Projekt unserer Zivilisation auf dem Spiel. Für viele sieht es wohl schon so aus, als würde und könne sich die Kirche Jesu Christi nie mehr von der Katastrophe ihrer Sünde erholen, die sie gerade fast zu verschlingen droht.

Und genau dies ist nun die Stunde, in der Rod Dreher aus Baton-Rouge in Louisiana heute sein Buch in der Nähe der Apostelgräber vorstellt und mitten in der Gottesfinsternis, vor der wir weltweit erschrecken, hier vor uns tritt und sagt: „Die Kirche ist nicht tot, sie schläft und ruht nur."

Und nicht nur dies. Die Kirche „ist jung", scheint er auch noch zu sagen, und er sagt es so froh und frei, wie Benedikt XVI. es bei der Übernahme des Petrusamtes am 24. April 2005 schon sagte, als er damals noch einmal an das Leiden und Sterben des heiligen Papstes Johannes Paul erinnerte, dessen Mitarbeiter er so viele Jahre lang war. Er rief uns allen auf dem Petersplatz zu:

„Durch alle Traurigkeit von Krankheit und Tod des Papstes hindurch ist uns dies auf wunderbare Weise sichtbar geworden: Die Kirche lebt. Und die Kirche ist jung. Sie trägt die Zukunft der Welt in sich und zeigt daher auch jedem Einzelnen den Weg in die Zukunft. Die Kirche lebt. Wir sehen es und wir spüren die Freude, die der Auferstandene den Seinen verheißen hat. Die Kirche lebt – sie lebt, weil Christus lebt, weil er wirklich auferstanden ist. Wir haben an dem Schmerz, der auf dem Gesicht des Heiligen Vaters in den Ostertagen lag, das Geheimnis von Christi Leiden angeschaut und gleichsam seine Wunden berührt. Aber wir haben in all diesen Tagen auch den Auferstandenen in einem tiefen Sinn berühren dürfen. Wir dürfen die Freude verspüren, die er nach der kurzen Weile des Dunkels als Frucht seiner Auferstehung verheißen hat."

Diese Wahrheit über den Ursprung ihrer Gründung durch den auferstandenen Herrn und Sieger kann auch das satanische „Nine-Eleven" der katholischen Weltkirche weder schwächen noch zunichtemachen.

Deshalb muss ich ehrlich gestehen, dass ich diese Zeit der großen Krise, die heute keinem mehr verborgen ist, vor allem auch als eine Zeit der Gnade wahrnehme, weil uns am Schluss ja nicht irgendeine besondere Anstrengung, sondern nur „die Wahrheit frei machen" wird, wie uns der Herr versichert hat. In dieser Hoffnung schaue ich die jüngsten Berichte Rod Drehers zur „Reinigung der Erinnerung" an, die Johannes Paul II. uns aufgetragen hat, und so habe ich auch seine „Benedikt-Option" dankbar als eine in vieler Hinsicht wunderbare Inspiration gelesen. In den letzten Wochen hat mir kaum etwas so viel Trost gespendet.

MUTTER ANGELICA

27. März 2019:

Predigt zum 3. Todestag der EWTN-Gründerin
Mutter Angelica in der Kirche des Campo
Santo Teutonico im Vatikan

„So hat Gott an keinem Volk gehandelt" haben wir vorhin im Zwischengesang gehört – aus dem 147. Psalm, der die Wundertaten Gottes an seinem Volk Israel preist. Mit diesen Worten hat Papst Benedikt XIV. am 25. Mai 1754 hier in Rom aber auch das Erscheinen unserer Lieben Frau von Guadalupe gerühmt. Danach hat sich der Satz wie ein Lauffeuer durch die Neue Welt verbreitet. Denn es war die dunkelste Stunde nach der Eroberung Mexikos, über die Benedikt XIV. da sprach, es war das Jahr 1531, als die Muttergottes selbst mit ihrem Bildwunder in die Geschichte eingriff und in Amerika eine Bekehrung von vielen Millionen einleitete. Tausende Mexikaner wurden damals von Krankheiten und Seuchen hinweggerafft, die die Eroberer eingeschleppt hatten.

Es waren jene Jahre, als hier in Europa gerade die Reformation die katholische Kirche entzweite und teilte. Es war eine Zeit der Katastrophen, als Amerika und die Kirche eines ihrer größten Wunder erlebte, durch die Jungfrau von Guadalupe, die „Kaiserin der beiden Amerikas", die Papst Franziskus ebenso innig verehrt wie Mutter Angelica sie verehrt hat, bevor sie heute vor drei Jahren hinübergegangen ist ins Haus des Vaters. Am 12. Dezember 1980 aber, dem Festtag der Muttergottes von Guadalupe, hatte sie den Sender „Eternal Word Television Network" gegründet und ihr feierlich geweiht!

Wie wir uns hingegen heute eine Zeit grauenvoller Erschütterungen vorstellen dürfen, muss ich keinem zu erklären versuchen. Und in dieser Eucharistiefeier zur Ehre Mutter Angelicas kann ich auch keinem von Ihnen viel über sie erzählen, da Sie sie ja alle viel besser kennen als ich.

Gestatten Sie mir stattdessen eine kurze Reflexion über die Göttliche Vorsehung, die ich darin erkenne, dass wir drei Jahre nach dem Heimgang Mutter Angelicas ihr Andenken heute nicht wie im letzten März im Petersdom feiern, sondern an der Südseite dieser gigantischen Basilika in der viel kleineren Kirche der Schmerzhaften Gottesmutter am Campo Santo.

Denn diese Kirche liegt am Platz der Protomärtyrer. Das heißt, sie liegt am Platz der ersten Märtyrer Roms, zu denen auch der Apostel Petrus zählte, welcher der Überlieferung nach hier kopfüber gekreuzigt worden ist. Das ruft in mir folgende Erinnerung wach: Keiner von uns hat den Glauben direkt von Gottvater empfangen. Sondern wir sind allesamt vermittelt zum Glauben gekommen. Wir haben ihn alle durch Zeugen erfahren, denen wir vertrauen und glauben. Das fing in den meisten Fällen bei unseren Eltern an und danach vielleicht über unseren ersten Pfarrer oder ein Vorbild und so gut wie immer persönlich und von Herz zu Herz.

Insgesamt aber hat uns die Mutter Kirche den Glauben geschenkt durch ihre Hirten und Heiligen und Lehrer und durch die Evangelisten und Apostel. Keiner von uns war bei Christi Auferstehung von den Toten dabei, auch nicht bei der Einsetzung der Eucharistie durch den Gottessohn. All dies glauben wir diesen Zeugen. Darum ist die katholische Kirche eine apostolische Kirche. Es ist eine Kirche der Zeugen.

Auf Griechisch heißt „Zeuge" aber „μάρτυς", von dem sich unsere „Märtyrer" ableiten. Hier am Campo Santo sind die ersten Christen Roms in den 60er-Jahren des 1. Jahrhunderts als Zeugen für die Wahrheit in den Tod gegangen.

Eine andere, nicht ganz so dramatische Bedeutung vom Begriff des Zeugen aber ist die des Vermittlers! Und damit bin ich bei Ihnen angekommen, liebe Brüder und Schwestern: also bei den Medienleuten, und bei Mutter Angelica, der Gründerin des „Eternal-Word-Television-Networks", die mit seherischem Genie erkannt hat, welche Rolle Ihnen in dem neuen Informationszeitalter zukommt, in das nun auch die katholische Kirche eingetreten ist, ob sie es will oder nicht. Darum sind Sie nun auch alle auf eine ganz neue und ganz besondere Weise als Zeugen berufen.

Dass diese Rolle nicht unbedingt undramatisch ist, haben Sie insbesonders in der letzten Zeit erfahren, wo das Schiff der Kirche Christi unter einem Tsunami von Horrornachrichten fast zu zerschellen droht. Gerade in dieser Not aber, die sich ja nicht den Nachrichten schuldet, sondern den Verbrechen und Todsünden aus der Mitte der Kirche, sind Sie als katholische Medienleute herausgefordert, besser und professioneller zu sein als alle Kollegen aus den säkularen Medien.

So wundert nicht, dass am Ende des Krisengipfels im Februar Ihre Kollegin Valentina Alazraki lange anhaltenden Applaus erfuhr, als sie „als Journalistin und Mutter" den 190 Bischöfen und Ordensoberen aus aller Welt die Botschaft einschärfte: „Wer nicht informiert, nährt ein Klima der Verdächtigung und des Misstrauens und provoziert Wut und Hass auf die Institution (der Kirche)." Die mutige Kollegin arbeitet nicht für EWTN, sondern für den mexikanischen Sender

„Noticieros Televisa". Doch am 22. Februar war es in Rom, als habe durch sie auch Mutter Angelica mit ihrem legendären Freimut noch einmal zum Papst und dem ganzen Volk Gottes gesprochen.

Der Auftrag Mutter Angelicas aber geht darüber hinaus. Papst Franziskus hat, wie Sie wissen, ja gleich nach ihrem Tod vor drei Jahren schon zu Ihnen gesagt, dass er sie persönlich schon im Himmel erblicke. Das war noch keine Heiligsprechung. Dennoch deutete der Heilige Vater damit an und darauf hin, dass Gott für jede Not der Kirche auch immer wieder Menschen beruft, die uns in allen Gefahren besonders beistehen.

So hat er in der großen Verwirrung durch den Presbyter Arius in der frühen Kirche Athanasius den Großen erweckt, im Chaos der Völkerwanderung den heiligen Columban, nach der Französischen Revolution den heiligen Pfarrer von Ars und so weiter. Und nur so können wir begreifen, was Mutter Angelica vom Orden der Klarissen von der Ewigen Anbetung wirklich in Gang setzte, als sie in einer Garage ihres Klosters in Alabama (ohne alle Mittel und gegen alle Wetten) mit dem Aufbau des geistlichen Senders EWTN begann. Denn damit hatte sie damals ja auch der katholischen Kirche in Amerika eine von den Oberhirten unabhängige Medienmacht als quasi „vierter Gewalt" eingepflanzt, in der gläubige Journalisten jeden Missbrauch ebenso unerschrocken offenlegen wie gefährliche Abwege aufzeigen, auf denen sich manche Hirten heute ebenso zu verirren scheinen wie zu allen Zeiten der Geschichte. Mutter Angelica war eine zölibatäre Nonne, aber mit der Gründung von EWTN hat sie auf entscheidende Weise auch Laien mit in die Steuerung des Boots der Kirche berufen.

Die Herausforderung aber, über Verbrechen und Verirrungen im Innern der Weltkirche unerschrocken und fair zu berichten, erscheint inzwischen schon fast gering im Vergleich zu einer Aufgabe, die Mutter Angelica zur Zeit ihrer Gründung noch kaum ahnen konnte.

Denn jetzt müssen wir ja auch unsere Augen dafür öffnen, wie Verbrecher unter uns bis hinauf in den Kardinalsrang auch die Mutter Kirche selbst vergewaltigt haben. Als ein Opfer ohne Opferschutz, was kaum je erwähnt oder bedauert und betrauert werden darf. Schuld und Sünden sind immer persönlich, bei dieser Schar der Opfer aber hat der Albtraum des Missbrauchs insgesamt auch eine satanische Note.

Lassen Sie mich hier sehr persönlich werden: Ich bin bei allem nötigen Verzicht mit Leib und Seele Priester und liebe meinen Beruf und meine Berufung und erlebe dennoch, wie Priester und der Priesterstand durch dreiste Todsünder unter uns ganz allgemein inzwischen unter Generalverdacht geraten sind. Wer mag heute von mir und meinen Mitbrüdern noch den Glauben an das Heil empfangen wollen, das Gott uns durch seinen Sohn geschenkt hat? In manchen Teilen der Erde wächst eine heimliche Pogromstimmung, in der das aufrichtige Bekenntnis zu unserer Kirche der Heiligen und Sünder und Verbrecher zunehmend Löwenmut verlangt. Hat die Kirche nicht jeden Kredit verloren? Fliehen Katholiken sie nicht zu Recht in Scharen? Die Kirche, wie wir sie kennen, scheint als Vermittlerin des Glaubens, das heißt in einer ihrer vornehmsten Aufgaben, wie kaum je zuvor geschwächt und verwundet. Das Vertrauen in sie fast tödlich verletzt.

So kommt nun auf Sie eine Aufgabe zu, die Mutter Angelica kaum geahnt haben konnte. Denn mit ihrer Gründung von EWTN hat sie den apostolischen Dienst der Verkündigung wie nie zuvor auf die Laien ausgeweitet. In der Krise der Kleriker brauchen alle Priester der Erde Sie mehr als je zuvor in unserer Kirche der Zeugen.

Das heißt, Sie sind nun als katholische Journalisten nicht mehr nur für die harten News zuständig und für eine ebenso schonungslose wie faire Berichterstattung, sondern mehr denn je zuvor auch für den Kern aller Good News, für das Evangelium.

Das heißt: Heute sind Sie in der Nachfolge Mutter Angelicas mitberufen, die allerwichtigste Nachricht aller Zeiten ganz neu und mit den modernsten Mitteln in Freiheit und zusammen mit dem Lehramt der Kirche zu verbreiten: die Nachricht von der Menschwerdung Gottes als der größten Neuigkeit, die die Welt je gehört und gesehen hat. Dieser Ruf geht in dem Werk Mutter Angelicas heute so an Sie, wie er viele Jahrhunderte unserer Geschichte an bildende Künstler gegangen ist, und an die Dombauhütten, denen wir die großen Kathedralen in den Zentren unserer Städte verdanken und die Bildwunder ihrer Kirchenfenster. Denn heute formen und prägen ja nicht mehr die großen Dome und Gotteshäuser unser Bewusstsein und die Gesellschaft, sondern die Bilder der Medienwelt über ungezählte Smartphones in unseren Händen.

Und noch eins kommt dazu, weil wir ja gerade auch einen revolutionären Umbruch der Sprache erleben, den Mutter Angelica wohl prophetisch geahnt hat. Deshalb hat sie keine neue Zeitschrift gegründet, wie der heilige Maximilian Kolbe es zu seiner Zeit noch getan hätte. Sondern sie gründete ein „Television-Network", um nach dem Gutenberg-Zeitalter des gedruckten Worts den Glauben der Kirche in der neuen Sprache der bewegten Bilder heute und morgen neu erzählen zu können.

Einen Schutzpatron der Journalisten gibt es ja schon seit Langem im heiligen Franz von Sales. In Mutter Angelica aber hat die eine, heilige, katholische und apostolische Kirche für die digitale Zukunft nun auch schon eine Prophetin und Apostolin geschenkt bekommen, von der wir außerdem neu lernen können, dass wir immer voll Vertrauen auf ein Wunder hoffen dürfen, gerade und besonders in den dunkelsten Stunden der Geschichte, wie damals in Mexiko, als Amerikas Jungfrau von Guadalupe den heiligen Juan Diego als Mutter der Mutter Kirche in trostloser Zeit mit den Worten tröstete und stärkte: „Höre und nimm es dir zu Herzen, kleinster meiner Söhne! Da ist nichts, das dich erschrecken soll! Nichts soll dich betrüben und verzagen lassen. Dein Gesicht soll nicht bekümmert sein und auch nicht dein Herz! Bin ich denn nicht hier – ich, deine Mutter? Was ist es, was dir sonst noch fehlt? Nichts soll dich mehr ängstigen und verwirren!" Amen.

ICH BIN EIN LEUCHTTURM!

27. April 2019:
Predigt zur Priesterweihe im Stift
Heiligenkreuz im Wienerwald

Ein Kriegsschiff befand sich in einem Manöver auf hoher See. Es war Nacht. Der verantwortliche Offizier meldete dem Kapitän auf der Kommandobrücke, dass er sich mit Kollisionskurs auf ein anderes Schiff hinbewege, dessen Licht aus dem Ozean aufleuchte. Der Kapitän befahl, diesem zu funken: „Wir befinden uns auf Kollisionskurs, ändern Sie Ihren Kurs um 20 Grad." – Antwort: „Ich rate Ihnen, den Kurs um 20 Grad zu ändern."

Darauf der Kapitän kurz und scharf: „Ich bin ein Kriegsschiff. Es spricht der Kapitän. Wer sind Sie?" Antwort: „Ich bin ein Seemann zweiter Klasse." Der Kapitän wieder kurz und scharf: „Dann befolgen Sie gefälligst meine Weisung." Antwort des Seemanns zweiter Klasse: „Ich rate Ihnen dringend, den Kurs zu ändern. Ich bin ein Leuchtturm."

Diese Anekdote ist zugegebenermaßen eine etwas deftige, aber sehr einprägsame Parabel für die Größe und Schönheit des priesterlichen Dienstes. Denn auch der Priester hat es mit Kurs-Halten und Kurs-Ändern zu tun, so wie der Matrose auf dem Leuchtturm. Priester greifen in den Lebenskurs von Menschen ein, sie steuern, halten und wenn nötig ändern sie ihn.

Ja, liebe Weihekandidaten, Ihre Stellung als Priester gleicht der Stellung eines Seemanns zweiter Klasse auf dem Leuchtturm. Um Sie herum kreuzen allerhand Schiffe: Luxusdampfer, wo man sich vergnügen will und den lieben Gott vergisst. Schlachtschiffe, Kanonenboote und Zerstörer kreuzen auf, die Sie versenken wollen. Und schließlich gibt es auch U-Boote mit Katholiken, die nur bei Taufen und Beerdigungen auftauchen und sonst unsichtbar bleiben. Da sitzen Sie wie der Seemann zweiter Klasse auf dem Leuchtturm. Sie haben nicht die geballte Feuerkraft medialer Torpedoboote, die von sich reden machen, und Sie haben auch keinerlei Schlachtschiffe.

Nein, Ihre Kraft besteht nicht in äußeren Machtmitteln. Gottlob! Denn so kommen Sie erst gar nicht in Versuchung, diese zu benützen. Sie sollen den Kurs der Lebensschiffe nicht lenken, weil Sie die stärkeren Kanonen an Bord haben. Sie sollen die Menschen nicht leiten, weil Sie es mit äußeren Machtmitteln erzwingen könnten. Sie lenken den Kurs der Schiffe, indem Sie es machen wie der Matrose in der Geschichte, indem Sie schlicht die Wahrheit, die in Jesus Christus Mensch geworden ist, verkünden.

Der Priester ist nicht stark aus eigener Kraft. Sie haben nur insofern Kraft, als Sie von der Wahrheit Zeugnis ablegen. Sie müssen das tun, was der Mann auf dem Leuchtturm tut: die Schiffe darauf hinweisen, wo Meer und wo Land ist. Und alle sind gut beraten, diesem Hinweis zu folgen. Bei den Menschen ist es letztlich ebenso:

Sie werden ihren Kurs nicht einfach Ihretwegen oder Ihrer einnehmenden Persönlichkeit wegen ändern – sollen sie auch nicht. Die Ihnen anvertrauten Menschen werden den Kurs ändern, weil sie durch Sie mit der Wahrheit des Evangeliums in Kontakt gekommen sind, die Gott offenbart und seiner Kirche anvertraut hat. Die Kirche kann und darf nicht anders, als diese verkünden: sei es gelegen oder ungelegen.

Sie werden sich in Zukunft wohl oft vorkommen wie der Seemann zweiter Klasse auf dem Leuchtturm. Und Sie werden allerhand Kommandos von echten und selbst ernannten Kapitänen anhören müssen. Die Antwort, die Sie zu geben haben, ist immer die schlichte Antwort des Matrosen: Sie sollen, Sie dürfen, Sie müssen die Schönheit und Wahrheit des Glaubens verkünden. Nichts, aber auch gar nichts anderes! Nicht Ihre klugen Eingebungen zählen – so nützlich sie sein mögen –, sondern die Wahrheit über Gott und das ewige Heil: Sie wird den Menschen den richtigen Weg zeigen. Das heißt: Die Kraft Ihrer Verkündigung kommt nicht aus eigenen guten Einfällen, sondern aus dem, was Gott in seinem Sohn Jesus Christus uns geschenkt hat und was Er uns lehrte. Sie sind Künder des Wortes, Diener der Freude, Ausspender der göttlichen Geheimnisse, der Sakramente: Wegweiser auf der schwierigen Fahrt durch die Tücken und Unbilden des Lebens.

Sie müssen wie der Mann auf dem Leuchtturm auf Klippen und Gefahren hinweisen. Wenn Sie das Wort Gottes verkünden, dann verkünden Sie nicht lieb gewonnene Theorien oder selbst gesponnene Ideen, sondern das Wort des Heils. Wenn Sie die Sakramente spenden, dann kommt die Kraft, die Wirkung, aus den Sakramenten selbst.

Diese Kraft haben Sie so wenig selbst gemacht wie der Seemann den Felsen, auf dem sein Leuchtturm steht. Sie geben sich hin durch Ihren täglichen Dienst. Aber die Kraft kommt aus den Sakramenten.

Für uns alle heißt das: Wir sollen im Priester nicht zuerst die überragende Persönlichkeit sehen, die er vielleicht gar nicht ist. Sicher sollen wir die guten Eigenschaften, die ein Priester hat, in Ehren halten. Aber wir müssen uns in Acht nehmen, im Priester nur den Menschen zu schätzen. Der ist er auch, aber er ist noch mehr, besser: Wir müssen anerkennen, dass der Priester uns etwas bringt, das nicht aus den Möglichkeiten dieser Welt ableitbar ist.

Wenn Sie, liebe Weihekandidaten, um diese Zusammenhänge wissen, dann wird das Ihren künftigen Dienst prägen. Wenn Sie überzeugt sind, dass Sie den Kurs der Menschen lenken können, weil Sie das Wort des Lebens, Jesus Christus, verkünden, dann werden Sie es nicht Ihnen selbst zuschreiben, wenn das gelingt. Dann werden Sie in gesunder Weise relativiert. Sie treten hinter Ihre Aufgabe zurück. Sie werden keine Schlagzeilen machen, genauso wenig wie der Seemann auf dem Leuchtturm. Der würde erst Schlagzeilen machen, wenn er seinen Posten verließe, um anderes zu tun. Wenn die Lotsen den Leuchtturm verlassen, dann gibt es Unheil und dann kommen die Schlagzeilen. Wenn Priester und Bischöfe nicht mehr den Mut haben, das Evangelium kraftvoll und unverkürzt zu verkündigen, sondern eigene Weisheiten zum Besten geben, dann gibt es Unheil, dann hagelt es Schlagzeilen. Haben wir davon in jüngster Zeit nicht mehr als genug gehabt?

Wer eine neue Kirche erfinden möchte, wer an deren DNA herumschrauben will, der ist auf dem Holzweg, der missbraucht seine geistliche Vollmacht.

Wenn Sie täglich auf Ihren Leuchtturm steigen im Bewusstsein, dass es Ihre heilige Aufgabe, Ihr heiliger Dienst ist, nicht auf sich aufmerksam zu machen, sondern auf Jesus Christus, dann verlangt das von Ihnen Demut und Mut zugleich.

Die Gewissheit, auf einem Felsen zu stehen und das Wort Gottes verkünden zu dürfen, gibt Ihnen ungeheure Kraft, ein gesundes und starkes Sendungsbewusstsein. Das ist nichts Schlechtes, man soll es nicht verdächtigen. Sie haben etwas zu sagen und deshalb dürfen Sie ein gesundes Sendungsbewusstsein haben: das Bewusstsein, gesendet zu sein. Provokativ gesagt: Sie dürfen den Mund voller nehmen, als wenn Sie nur im eigenen Namen sprechen würden. Sie dürfen, Sie müssen den Menschen die Frohe Botschaft verkünden, mit der Sie selber ringen werden, solange Sie leben. Denn dieses Ideal haben Sie nicht selbst erfunden. Sie dürfen wissen, dass Sie eine Würde haben, die Sie von allen unterscheidet, die nicht Priester sind. Denn Sie haben sich diese Würde nicht selbst genommen. Sie dürfen das Bewusstsein haben, etwas Großes zu tun, etwas Unvergängliches. Ich wünsche Ihnen Mut, diese Herausforderung bereit und ganzen Herzens anzunehmen. Und ich wünsche Ihnen die Demut zu wissen, dass Sie nur Überbringer der Frohen Botschaft und nicht selbst die Frohe Botschaft sind. Und ich wünsche Ihnen Mut und Demut zugleich, das zu sagen und zu tun, was im Namen Jesu Christi zu sagen und zu tun ist.

Mut und Demut kommen aber nicht aus dem Vertrauen auf die eigenen Fähigkeiten und Begabungen, sondern aus der Treue zum gegebenen Wort und vom Glauben, dass Sie etwas zu geben haben, das alles Menschliche übersteigt, das Göttliches in sich birgt.

Der Priester ist nicht einfach ein Amtsträger, wie ihn die Gesellschaft braucht, damit gewisse Funktionen in ihr erfüllt werden können. Er tut vielmehr etwas, was kein Mensch aus sich heraus kann: Er spricht in Christi Namen das Wort der Vergebung für unsere Sünden und ändert so von Gott her den Zustand unseres Lebens. Er spricht über die Gaben von Brot und Wein die Wandlungsworte, die ihn selbst, den Auferstandenen, sein Fleisch und sein Blut gegenwärtig werden lassen und so die Menschen auf Gott hin öffnen und mit ihm zusammenfügen. Priestertum ist nicht einfach „Amt", sondern Sakrament: Gott bedient sich eines armseligen Menschen, um durch ihn für die Menschen da zu sein und zu handeln. Diese Kühnheit Gottes, der sich Menschen anvertraut, Menschen zutraut, für ihn zu handeln und da zu sein, obwohl er unsere Schwächen kennt – diese Kühnheit ist das wirklich Große, das sich im Priestertum verbirgt.

Wenn Sie aus diesem Bewusstsein heraus leben und wirken, dann werden Sie weder mutlos noch übermütig werden, sondern dankbar, aus ganzem Herzen dankbar. In der tiefsten Seele dürfen Sie dann erfahren, dass Sie in allem Tun und Lassen von dem gehalten und geführt sind, der Sie in seinen Dienst gerufen hat: Jesus Christus, der auferstandene Sohn des lebendigen Gottes. Amen.

AM SCHEIDEWEG

4. Juni 2019:

Vortrag der Reihe „Kirche und Recht" im Foyer
des Bundesverfassungsgerichtes in Karlsruhe

Dieser Ort und diese Stunde laden auf besondere Weise ein, nicht immer neue Themen ausfindig zu machen, sondern eher dazu, im geduldigen Dialog und in immer neuen Variationen darüber nachzusinnen, was unser Gemeinwesen in seinem Innersten zusammenhält. Eine ungefähre Skizze der Überlegungen, die ich Ihnen nun vortragen möchte, hatte ich bei meiner Zusage, die mir Erzbischof Stephan Burger, mein Heimatbischof, vor etwa einem halben Jahr abgerungen hatte, fast schon spontan im Kopf.

Nach einem Blick auf die Beiträge meiner Vorredner kann ich mich jetzt auch bestätigt fühlen, angefangen von den profunden Ausführungen Kardinal Lehmanns „Zum schiedlich-friedlichen Verhältnis von Staat und Kirche heute", mit denen er die Reihe des Karlsruher Foyers „Kirche und Recht" am 19. Juni 2007 begonnen hat, bis hin zu dem Vortrag im letzten Jahr von Professor Peter Dabrock, dem Vorsitzenden des Deutschen Ethikrates, zum Thema: „Die Würde des Menschen ist granularisierbar. Muss die Grundlage unseres Gemeinwesens neu gedacht werden?"

So komme auch ich als Deutscher und katholischer Priester, der an der römischen Kurie seinen Dienst tut, an dem Begriff der Menschenwürde nicht vorbei. Denn in diesem aus zwei Worten zusammengesetzten Begriff geben sich Religion und Recht gewissermaßen den Friedenskuss. Und wie könnte ich diesen wundersamsten Begriff unserer deutschen Verfassung gerade in dem Jahr übergehen, in dem das Grundgesetz seinen 70. Geburtstag feiert.

Da schockte mich dann auch nicht, dass es hier letztes Jahr hieß: „Die Würde des Menschen ist granularisierbar", als Professor Dabrock seine brillante Analyse mit dem genannten Ausdruck des Soziologen Christoph Kucklick an dieser Stelle zuspitzte! Wörtlich genommen heißt das: Die Würde des Menschen ist nicht nur antastbar, sie lässt sich de facto auch zwischen unseren Fingern zu Granulat zerbröseln wie ein bröckeliges Stück trockener Erde. Warum schockt mich das nicht? Nun, aus der Geschichte wissen wir, dass der menschliche Leib quasi pulverisierbar ist, wie die Welt es vor 80 Jahren in den Vernichtungslagern der Nazis und den Gulags der Sowjets und ihren Schlachtfeldern exemplarisch erfahren musste – bis hin zu den Nuklearblitzen von Hiroshima und Nagasaki. Schließlich erfahren wir alle, dass der menschliche Körper irgendwann auch nach dem schönsten, friedlichsten und glücklichsten Leben zu Staub zerfallen wird. Wir erfahren es an unseren Verwandten, Freunden und an uns selbst. „Bedenke, Mensch, dass du Staub bist und wieder zum Staube zurückkehren wirst" (vgl. Gen 3,19). Das ist die jährliche Mahnung des Aschermittwochs, in der die Liturgie der Kirche uns an unser irdisches Ende erinnert. Diese Mahnung ist eine Einladung zum Innehalten und zum Nachsinnen.

Der Mensch zerfällt. Er wird zu Erde oder Asche. Sein Körper ist pulverisierbar. Ist es dann auch seine Würde? – Was ist die Menschenwürde? Unser Grundgesetz scheint mit einem frommen Wunsch zu beginnen, einem nur ästhetisch verständlichen Satz, ja streng genommen mit einer Falschaussage: „Die Würde des Menschen ist unantastbar." Was bedeutet dieser Satz? Was folgt aus ihm? Und was, wenn die Würde angetastet wird? Und was macht man als Jurist unter diesen Umständen?

Ich möchte Ihnen jetzt keine rechtsphilosophische oder rechtsgeschichtliche Vorlesung halten – worüber Sie mir sicherlich nicht gram sein werden –, sondern lassen Sie mich gleich zum Kern der Sache kommen.

Ich bin Priester, Bischof der katholischen Kirche. Wir haben das „Ius divinum" und das „Ius mere ecclesiasticum", göttliches und rein kirchliches Recht, weshalb mir mein oberster Gesetzgeber sozusagen „die Hölle heiß machen" würde, wenn ich Ihnen jetzt etwas anderes vortrage als das, was durch das Naturrecht und die Offenbarung gedeckt ist. Die anwesenden Rechtsgelehrten, Richter, Rechtsanwälte und Beamten vertreten den Staat der Bundesrepublik Deutschland. Vielleicht macht Ihnen Ihr oberster Dienstherr etwas weniger die Hölle heiß, wenn Sie mir in diesem Dialog etwas anderes als Staatsraison und Staatsdoktrin der Bundesrepublik erzählen sollten – aber sicher würde Ihnen die öffentliche Meinung dafür umso ordentlicher einheizen. Da wir aber sozusagen unter uns sind, schauen wir jetzt einmal, ob und wie wir zusammenfinden bei dem Begriff der Menschenwürde.

Die katholische Antwort zur Frage nach der Würde des Menschen ist diese: Menschenwürde hat man nicht so, wie man ein Bein oder ein Hirn hat. Der Mensch erwirbt seine Würde nicht. Er kann sie deshalb auch nicht verlieren. Sie ist jedem einzelnen Menschen schon vor Beginn der Schöpfung gegeben und liegt in dem Willen Gottes, den Menschen nach seinem Abbild, nach dem Abbild Gottes zu schaffen. Diese Würde ist darum allen Menschen zuteil und eigen, gleich, woher sie stammen, welche Sprache sie sprechen, welche Hautfarbe sie haben, ob sie politisch uninteressiert oder besonders radikal sind, ob gesetzestreu oder Gesetzesbrecher. Sie steht – obwohl wir es alle wissen, sei es an dieser Stelle noch einmal ausdrücklich betont – natürlich auch allen Nichtchristen zu. Alle Menschen sind nach dem Abbild Gottes geschaffen.

Die Würde des Menschen hängt also nicht ab von dem, was er tut, was er denkt oder sagt, sondern an dem, was er ist. Was also ist der Mensch? Was bedeutet es, dass er Abbild Gottes ist?

Eine besonders schöne Antwort darauf habe ich vor Jahren in Chartres gefunden, wo unbekannte Bildhauer den biblischen Bericht der Genesis über die Erschaffung der Welt mit einem Halbkreis von Skulpturen über dem Nordportal der Kathedrale aus dem 13. Jahrhundert in Szene gesetzt haben, an denen wir gleichsam ablesen können, wie Gott am fünften Schöpfungstag – in dem Moment, als er gerade die Vögel erschaffen hat und als er ihnen liebevoll nachschaut, wie sie seinem Blick enteilen und frei weg in den Himmel fliegen – erstmals auf den Gedanken verfällt: „Lasst uns Menschen machen als unser Abbild, uns ähnlich! (Gen 1,26)." Ausgerechnet beim Anblick der Freiheit der Vögel verfällt Gott hier also auf den Gedanken, als Krönung der Schöpfung auch den Menschen zu erschaffen, als freies Wesen, auch ihm selbst gegenüber. Gott sieht hier aus wie sein Sohn, wie Jesus, dem just im Moment dieses Einfalls, bei seiner ersten Idee und Vorstellung des Menschen, der junge Adam – als Gedanke, doch leibhaftig – über die rechte Schulter schaut, ihm ähnlich wie ein Zwilling, mit seinen Gesichtszügen, nur ohne Bart.

Der Ort dieser Darstellung an der Kathedrale „Unserer Lieben Frau von Chartres" zeigt auch, dass dieses Menschenbild ein Sondergut ist, das nicht einfach der Natur entstammt und auf Bäumen gewachsen ist. Und so ist es auch mit der Menschenwürde. Sie ist ein Kulturgut. Sie entstammt auf genuine Weise unserer Kultur; sie kommt nicht aus China oder Japan, nicht aus Indien, auch nicht aus dem „Haus des Islam". Sie entstammt allein unserer Geschichte und hier ganz besonders der Selbstoffenbarung Gottes, und zwar so, wie sie in den Heiligen Schriften des Judentums und des Christentums auf uns gekommen ist.

Es ist deshalb nicht verwunderlich, dass sich in den letzten Jahren vor allem in Deutschland die Erkenntnis durchgesetzt hat – in Äußerungen solch nüchterner Denker wie Jürgen Habermas und Ludger Honnefelder –, dass vor allem vor dem Hintergrund jüdisch-christlicher Überlieferung die Gottesebenbildlichkeit des Menschen zur Matrix des Begriffs der „Menschenwürde" wurde, wo das schöne Wort nicht nur Verfassungsrang bekam, sondern wo es seit dem 8. Mai 1949 eben den zentralen Platz des neuen deutschen Grundgesetzes einnimmt, wo es im allerersten Satz des ersten Artikels lakonisch heißt: „Die Würde des Menschen ist unantastbar."

Der Satz ist quasi die Seele unserer Verfassung geworden, zu dem die gesetzgeberische Elite der neuen Bundesrepublik nur vier Jahre nach Weltkriegsende und der unfassbaren Katastrophe der Deutschen unter den Nationalsozialisten gottlob zurückgefunden hatte. Das war nicht zufällig. Denn es war ja auch ein beispielloser Zivilisationsbruch der Justiz durch die willkürliche Rechtsetzung, die Europa unter den Nazis in Deutschland erlebt und erlitten hat. Mit diesem Schritt und diesem Satz ist Deutschland vor 70 Jahren wieder in die Zivilisation Europas und zu ihrem jüdisch-christlichen Erbe zurückgekehrt. Es war ein Glücksfall, fast ein Wunder. Und es war eine Heimkehr.

Und hier gelangen wir im Kern an jenen Punkt, den der Staatsrechtler und Verfassungsrichter Ernst Wolfgang Böckenförde schon im Jahr 1964 in sein berühmtes und viel zitiertes Diktum gegossen hat: „Der freiheitliche säkularisierte Staat lebt von Voraussetzungen, die er selbst nicht garantieren kann. Das ist das große Wagnis, das er, um der Freiheit willen, eingegangen ist."

Wenn nun also der Staat die notwendigen, Leben spendenden Voraussetzungen nicht garantieren kann, sind andere aufgerufen, sie so gut wie möglich zu gewährleisten und zu schützen oder zumindest immer wieder an sie zu erinnern. Das können in diesem Land aber nicht zuerst die Parlamente und andere Kammern des souveränen Volkes sein. Das ist vorrangig Sache der Kirchen und Synagogen, auch und gerade in einer radikal pluralisierten Welt. Darauf machte auch Papst Benedikt XVI. am 22. September 2011 aufmerksam, als er vor dem deutschen Parlament im Berliner Reichstag Folgendes ausführte: „Von der Überzeugung eines Schöpfergottes her ist die Idee der Menschenrechte, die Idee der Gleichheit aller Menschen vor dem Recht, die Erkenntnis der Unantastbarkeit der Menschenwürde in jedem einzelnen Menschen und das Wissen um die Verantwortung der Menschen für ihr Handeln entwickelt worden. Diese Erkenntnisse der Vernunft bilden unser kulturelles Gedächtnis. Es zu ignorieren oder als bloße Vergangenheit zu betrachten, wäre eine Amputation unserer Kultur insgesamt und würde sie ihrer Ganzheit berauben."

Ich kehre zur Ausgangsfrage zurück: Ist die Würde des Menschen pulverisierbar, wie der Körper des Menschen? Die Antwort lautet klipp und klar: nein. Der Mensch als Abbild Gottes ist nicht eine nach einem bestimmten Muster bewirkte

Ansammlung von Materie oder ein verklumpter Zellhaufen, der für eine bestimmte Lebensdauer funktioniert und dann nicht mehr. Als Abbild Gottes ist der Mensch berufen, mit seiner Seele sein Urbild, den wahren und ewigen Gott, zu suchen und zu erkennen, über seinen Tod hinaus – auch wenn sein Körper schon zerfallen ist und nicht mehr existiert. Seine Würde liegt in dieser Freiheit, Gott zu suchen und Gott zu erkennen, gleich, wo und wie sich der einzelne Mensch gerade befindet, welche materiellen Zwänge ihn bedrängen oder welche körperlichen Gebrechen ihn behindern und belasten. Seine Seele ist frei geschaffen und sie bleibt es in alle Ewigkeit.

Ich hoffe, dass Sie mir hierin größtenteils zustimmen können und dass weder Sie noch ich wegen dieser Übereinstimmung nun mit unseren jeweiligen Dienstherren Probleme bekommen.

Denn wo Sie mir in meiner bisherigen Reflexion über die Menschenwürde zustimmen konnten, zeigt dies doch, wie nah sich katholische Morallehre und Überzeugungen des Verfassungsgesetzgebers einmal gewesen sein müssen. Freilich, deckungsgleich waren sie nie. Doch das Grundgesetz ist von seinem Ursprung offen für das Naturrecht, das der Schöpfer in sein Geschöpf und in seine Schöpfung eingeprägt hat. Das zeigt der Begriff der Menschenwürde auf eindeutige Weise. Ist das auch heute noch in der Allgemeinheit, im Alltag der Bundesrepublik so? Ist die gezeichnete Auffassung alltagstauglich?

Natürlich kann nicht übersehen werden, dass Sie, sehr geehrte Damen und Herren im vornehmen Forum des Verfassungsgerichts, mit Ihrer Rechtsprechung so etwas wie ein Gesetzesnavigator für ganz Deutschland sind, der in den letzten Jahren bemerkenswerte Entwicklungen durchgemacht hat. Sie haben beispielsweise gleichgeschlechtlichen Partnerschaften zwischen Männern oder Frauen den Weg geöffnet, ihre Verbindung eine „Ehe" zu nennen – und hinsichtlich der Rechtsprechung in Bezug auf das kirchliche Arbeitsrecht haben die Damen und Herren Richter vom Bundesarbeitsgericht ja mächtig zugelangt.

Täusche ich mich mit der Feststellung, dass die Rechtsprechung in Deutschland fast immer und überall bejubelt wird, wenn sie Entscheidungen trifft, die eine Rücksichtnahme auf christliche Werte und christliche Moralvorstellungen minimalisiert, beseitigt oder ablehnt? Und ich kann das sehr gut nachvollziehen.

In den unmittelbaren materiellen Belangen einer nach bürgerlichem Recht geschiedenen und wiederverheirateten Krankenschwester mag es wichtig sein, den Beruf weiter ausüben zu können. Für zwei Männer oder zwei Frauen, die sich körperlich lieben, mag es eine große Erleichterung sein, wenn die Gesellschaft behaglichere Umstände für das gemeinsame Leben schafft. Da ist der Jubel für die Gesetzgebung und Rechtsprechung, die solche Veränderungen einführt, fast vorprogrammiert und auch die Schmähung für die Kirche, die nicht in diesen Jubel einfällt, sich sogar dagegen sperrt.

Reden Kirche und Staat in Deutschland vielleicht nicht mehr von demselben Begriff, wenn sie sich auf die Würde des Menschen berufen? Stehen Kirche und Staat inzwischen auf verschiedenen Seiten, die durch einen tiefen Graben getrennt sind? Bestenfalls haben wir denselben Standpunkt, blicken aber in entgegengesetzte Richtungen. Die Kirche möchte und darf nicht nur die diesseitigen materiellen Bedürfnisse des Menschen befriedigen. Sie ist nicht nur Caritas, auch wenn diese und viele weitere hervorragende katholische Einrichtungen im Sozial- und Gesundheitswesen selbstverständlich zur Kirche gehören. Die Kirche an sich, als Ganzes, ist aber für mehr verantwortlich, zuerst und zuletzt für die Seelen und deren Frieden mit sich und Gott. Die materiellen Belange sind dagegen relativ und ändern sich beständig. Die eben genannte Krankenschwester ist in ihrer Freizeit, in ihrer Rente nicht mehr Krankenschwester, sondern Mensch. Die homosexuellen Partner sind – Ehe hin, Ehe her – auch einmal alt und stehen vor dem letzten Schritt des Lebens – und dann kommt es auf die sexuelle Orientierung nicht mehr an. Krankenschwester oder homosexuell sein ist akzidentiell, es gehört nicht wesentlich zum Menschsein. Alle Homosexuellen, Geschiedenen, Atheisten und so weiter werden einmal vor Gott stehen und vor seinem Gericht.

Im Letzten Gericht kommt es auf ihr Menschsein an, nicht auf Akzidenzien wie sexuelle Orientierung, Dauer einer Partnerschaft, Weltanschauung et cetera. Die von mir soeben ins Visier genommene Gesetzgebung und Rechtsprechung in Deutschland beschäftigt sich aber lediglich – darf ich das einmal so ungeschützt vor Ihnen aussprechen? – mit diesen Akzidenzien, die freilich einer notwendigen Regelung bedürfen, um das Gemeinwohl aufrechtzuerhalten.

Lassen Sie mich weiter deutlich bleiben: Die Bundesrepublik ist dabei, sich auf ihrem Weg durch die Geschichte, siebzig Jahre nach ihrer Gründung, von der Grundierung ihres ursprünglichen christlich-humanistischen Weltbildes und vom Naturrecht zu verabschieden. An dieser Weggabelung gehen Kirche und Staat nunmehr getrennte und eigene Wege. Es ist ein Scheideweg. Das hat die katholische Kirche verstanden. Dass sie dabei nicht anders kann, als am Naturrecht und an ihrer christlichen Sicht auf den Menschen festzuhalten, liegt auf der Hand. Wir dürfen und können die Differenzen nicht schönreden. Doch sollte ich nun vielleicht den Finger in diese Wunde legen und von katholischer Seite eine alternative, naturrechtlich begründete Auffassung von Rechtsprechung und

Rechtsschöpfung vorstellen, um noch einmal um Verständnis zu werben und Augen, Ohren, Herz und Verstand zu öffnen für klassische katholische Positionen, die doch wesentlich im Fundament auch der modernen und grosso modo glücklichen Bundesrepublik ruhen, die nach den apokalyptischen Jahren des „Dritten Reiches" und den von Hitler angezettelten Kriegen und seinem Vernichtungsfeldzug gegen das jüdische Volk einen Rechtsfrieden erlebt hat, der beispiellos ist in der Geschichte Europas?

Vor dieser Versöhnung kann keiner die Augen verschließen. Wer hätte dieses Wunder vor 80 oder 70 Jahren erahnen können? Gestatten Sie mir deshalb dennoch im Folgenden weniger als Kanonist, sondern vor allem als katholischer Priester das Wort an Sie zu richten, der aber auch das unverdiente Glück hatte, in den letzten Jahren Tag für Tag neben Papst Benedikt am Altar stehen zu dürfen. Und bitten möchte ich Sie deshalb nun auch, mir zu gestatten, aus seiner epochalen Rede vor dem Deutschen Bundestag im September 2011 noch einmal eine längere Passage im Wortlaut in Erinnerung zu rufen:

„In einem Großteil der rechtlich zu regelnden Materien kann die Mehrheit ein genügendes Kriterium sein. Aber dass in den Grundfragen des Rechts, in denen es um die Würde des Menschen und der Menschheit geht, das Mehrheitsprinzip nicht ausreicht, ist offenkundig: Jeder Verantwortliche muss sich bei der Rechtsbildung die Kriterien seiner Orientierung suchen …

Von dieser Überzeugung her haben die Widerstandskämpfer gegen das Naziregime und gegen andere totalitäre Regime gehandelt und so dem Recht und der Menschheit als Ganzer einen Dienst erwiesen. Für diese Menschen war es unbestreitbar evident, dass geltendes Recht in Wirklichkeit Unrecht war. Aber bei den Entscheidungen eines demokratischen Politikers ist die Frage, was nun dem Gesetz der Wahrheit entspreche, was wahrhaft recht sei und Gesetz werden könne, nicht ebenso evident. Was in Bezug auf die grundlegenden anthropologischen Fragen das Rechte ist und geltendes Recht werden kann, liegt heute keineswegs einfach zutage. Die Frage, wie man das wahrhaft Rechte erkennen und so der Gerechtigkeit in der Gesetzgebung dienen kann, war nie einfach zu beantworten und sie ist heute in der Fülle unseres Wissens und unseres Könnens noch sehr viel schwieriger geworden.

Wie erkennt man, was recht ist? In der Geschichte sind Rechtsordnungen fast durchgehend religiös begründet worden: Vom Blick auf die Gottheit her wird entschieden, was unter Menschen rechtens ist. Im Gegensatz zu anderen großen Religionen hat das Christentum dem Staat und der Gesellschaft nie ein Offenbarungsrecht, nie eine Rechtsordnung aus Offenbarung vorgegeben. Es hat stattdessen auf Natur und Vernunft als die wahren Rechtsquellen verwiesen – auf den Zusammenklang von objektiver und subjektiver Vernunft, der freilich das Gegründetsein beider Sphären in der schöpferischen Vernunft Gottes voraussetzt.

Für die Entwicklung des Rechts und für die Entwicklung der Humanität war es entscheidend, dass sich die christlichen Theologen gegen das vom Götterglauben geforderte religiöse Recht auf die Seite der Philosophie gestellt, Vernunft und Natur in ihrem Zueinander als die für alle gültige Rechtsquelle anerkannt haben. Diesen Entscheid hatte schon Paulus im Brief an die Römer vollzogen, wenn er sagt: ‚Wenn Heiden, die das Gesetz (die Tora Israels) nicht haben, von Natur aus das tun, was im Gesetz gefordert ist, so sind sie sich selbst Gesetz. Sie zeigen damit, dass ihnen die Forderung des Gesetzes ins Herz geschrieben ist; ihr Gewissen legt Zeugnis davon ab (Röm 2,14).‘ Hier erscheinen die beiden Grundbegriffe

Natur und Gewissen, wobei Gewissen nichts anderes ist als das hörende Herz Salomos, als die der Sprache des Seins geöffnete Vernunft. Wenn damit bis in die Zeit der Aufklärung, der Menschenrechtserklärung nach dem Zweiten Weltkrieg und in der Gestaltung unseres Grundgesetzes die Frage nach den Grundlagen der Gesetzgebung geklärt schien, so hat sich im letzten Jahrhundert eine dramatische Veränderung der Situation zugetragen. Der Gedanke des Naturrechts gilt heute als eine katholische Sonderlehre, über die außerhalb des katholischen Raums zu diskutieren nicht lohnen würde, sodass man sich schon beinahe schämt, das Wort überhaupt zu erwähnen.“

Nach diesen Worten verstehen Sie gewiss, warum ich Benedikt XVI. so ausführlich zitiert habe. Es ist auch ein Aufruf an die Christen in unserer Gesellschaft, wieder stärker und mutiger Position zu beziehen.

Wir haben gesehen, dass sich Gesetzgebung und Rechtsprechung, von einem vorübergehenden materialistischen Mainstream in der öffentlichen Meinung gedrängt, vor allem mit den akzidentellen Problemen des Menschseins beschäftigen. Wir müssen aber beim Wesentlichen bleiben und wir hoffen, auf diese Weise als Christen unserem Vaterland hilfreich zu sein, indem wir nur dann mit der Mehrheit sprechen, wenn es die Wahrheit ist, und ansonsten die Wahrheit auch im Widerspruch bekennen. Denn das deckt ja unsere Verfassung ab, in der man sich als Katholik und als Atheist wohlfühlen können sollte. Was nottut in einer Gesellschaft, in der der Relativismus und die Ablehnung religiöser Wahrheiten zum guten Ton gehören, ist ein Beitrag für eine andere Wahrheit, für einen anderen Blickwinkel, für ein alternatives Konzept vom Wesen des Menschen. Das hat die Kirche über die Jahrhunderte immer geboten.

Deswegen ermutigt mich der Blick auf die Würde des Menschen und auf die Garantien unserer weitsichtigen Verfassung auch zu dem Aufruf an meine christlichen Brüder und Schwestern hier in Deutschland: Christlich werden müssen vor allem wieder die Christen. Die Kirche muss – auch zum Gemeinwohl aller und der gesamten säkularen Gesellschaft – zu sich selbst zurückfinden und zu ihrem originären Heilsauftrag – und zwar auf einem Weg, auf dem sie sich zuletzt oft verloren hat in einem innerkirchlichen Streit, aus dem selbst viele Bischöfe offenkundig nicht mehr herausfinden und sich vor einem verwirrten Kirchenvolk verhalten, als wären sie Politiker verschiedener Parteien, die die nächste Wahl gewinnen wollen, und keine Hirten jener Herde mehr, die Christus ihnen anvertraut hat.

Auch hier stehen wir vor einem Scheideweg.

Erlauben Sie mir deshalb, noch eine weitere Überlegung mit Ihnen zu teilen und damit den Kreis der Adressaten über sie hinaus zu meinen Mitbrüdern zu weiten und vielen anderen, die in diesen Echo-Raum hineinlauschen.

Wenn wir im Anfang unserer Geschichte in der biblischen Selbstmitteilung des Schöpfers von unserer Ebenbildlichkeit mit ihm den Ursprung von unserem Verständnis der Menschenwürde erkennen, dann müssen wir danach, das heißt, nach diesem ALPHA heute auch einmal nach dem OMEGA der Menschenwürde fragen. Das heißt, dann müssen wir nach dem Ende und Ziel unseres kulturellen Sonderguts fragen, das wir ja nur als Geschenk des Himmels begreifen können. Dann müssen wir nach dem Ziel unserer Seelsorge fragen.

Zu diesem Omega zählt zunächst – als genuin christliches Bekenntnis – der Glaube an die Menschwerdung Gottes. Das heißt, wir glauben, dass wir als Menschen nicht nur nach dem Bild Gottes geschaffen sind, sondern dass er sich uns schließlich auch noch selbst gezeigt hat. Das ist in sich schon unglaublich und aufreizend für jede andere Religion und Kultur. Denn das heißt ja, dass wir nicht nur glauben, dass wir nach dem Ebenbild Gottes modelliert und gebildet wurden, sondern dass Gott sich in Jesus Christus auch leibhaftig als das göttliche und von Gott gewünschte Modell und Urbild aller geoffenbart hat, aus dessen Mund wir erfahren haben, wo und wie wir ihn und seinen Vater heute suchen und finden können.

Deshalb geht das Gleichnis vom Weltgericht im Evangelium nach Matthäus (vgl. Mt 25,31–46) für alle Zeit durch Mark und Bein, wo wir lesen, wie „der Menschensohn in seiner Herrlichkeit" die Güter seines Reiches als Erbe an die verteilt, der er als „gottgefällig" erkannt hat. Er begründet dies hier so: „Ich war hungrig und ihr habt mir zu essen gegeben; ich war durstig und ihr habt mir zu trinken gegeben; ich war fremd und obdachlos und ihr habt mich aufgenommen; ich war nackt und ihr habt mir Kleidung gegeben; ich war krank und ihr habt mich besucht; ich war im Gefängnis und ihr seid zu mir gekommen."

Die aber fragen ihn: „Herr, wann haben wir dich hungrig gesehen und dir zu essen gegeben oder durstig und dir zu trinken gegeben? Und wann haben wir dich fremd und obdachlos gesehen und aufgenommen oder nackt und dir Kleidung gegeben? Und wann haben wir dich krank oder im Gefängnis gesehen und sind zu dir gekommen?" Darauf sagt der König ihnen – und auch uns – nur dies: „Amen, ich sage euch: Was ihr für einen meiner geringsten Brüder getan habt, das habt ihr mir getan."

Am Ziel der Gottesebenbildlichkeit identifiziert und zeigt sich Gott selbst nicht nur mit den Menschen im Allgemeinen, sondern unter uns vorrangig mit den Ausgestoßenen, mit den Hungrigen und Durstigen, mit den Fremden, den Nackten, den Armen, Kranken und Gefangenen, kurzum: mit den Geringsten. Darum wurde Europa jahrhundertelang übersät mit Wegekreuzen, vor denen die Menschen zu Gott als einem Gefolterten und Gemarterten aufschauten. Unter den Menschen, die nach Gottes Bild geschaffen waren, identifizierte sich Jesus mit den Geringsten unter ihnen, mit den Opfern – bevor er sich selbst als ultimatives Opfer ans Kreuz schlagen ließ. Das sind nun alles keine Neuigkeiten, die ich Ihnen hier vortrage, wahrlich nicht.

Dennoch lässt sich das nicht begreifen. Das lässt sich nur bestaunen. Schon bei Jesu Geburt haben wir ja zum ersten Mal erfahren, was es heißt, dass wir nach seinem Ebenbild geschaffen sind. Denn im Anfang sahen wir diese Ebenbildlichkeit ebenfalls schon in aller Radikalität vor uns: in einem hilflosen Neugeborenen, unterwegs in der Fremde, ohne Herberge, dessen Eltern schon bald vor der staatlichen Willkür des Tyrannen Herodes mit dem Säugling fliehen mussten. Warum Menschen heute nach Europa fliehen und wer verstehen will, wofür das „C" ihrer christlichen Parteien steht, muss deshalb in die Krippe schauen, wo das Wimmern des Neugeborenen uns schon in Betlehem ins Ohr flüstert: „Gott ist der Kleinste!" Diese unfassbare Demut des Größten ist aber auf kostbare Weise als Signatur jener Welt eingeschrieben, wo die Menschenwürde nach einer Serie von Menschheitskatastrophen als unantastbar erklärt werden konnte.

Wer begreifen will, warum sich unzählige Menschen aufmachen und in ihrer Not nach Europa flüchten und nicht nach China oder in die Arabischen Emirate, muss auf dieses Kind blicken, dem wir die wichtigste Grundierung unserer christlichen Welt verdanken, die so anders gestaltet wurde mit ihren Sozialsystemen, ihrem Freiheitswillen und dem Anspruch der unantastbaren Menschenwürde.

Dass dies eine Welt in ständiger Bedrohung ist und immer war und bleiben wird, muss nicht extra betont werden. Bedrohlicher als alle Gefahren der Datenüberwachung und künstlichen Intelligenz empfinde ich deshalb die Nachricht, dass das schlimmste Schimpfwort auf deutschen Schulhöfen mittlerweile „Du Opfer!" heißen soll – auch wenn es nicht überraschend ist, sondern eher natürlich, wenn sich eine korrodierende Welt gleichsam wie von selbst wieder ihrem sozialdarwinistischen Urzustand anverwandeln will. Gesetzgeberisch oder vor den Schranken der Gerichte lässt sich diesen Gesetzen der Schwerkraft nur wenig entgegensetzen.

Das bringt mich schließlich zum letzten Punkt meiner Überlegungen.

Es liegt wesentlich an der Kirche selbst, ihr Innerstes neu zum Leuchten zu bringen, und zwar nicht nur sich selbst, sondern auch wesentlich dem Gemeinwohl zuliebe. Die katholische Kirche leistet mit ihren evangelischen Schwestern und Brüdern in vorbildlicher Ökumene Großes auf dem weiten Feld der Caritas. Darin wird sie auch nicht nachlassen und das ist gut und richtig so. Ihre letzte nötige Reform aber kann nicht gelingen, indem sie noch sozialer wird, noch karitativer oder gar noch angepasster an den Zeitgeist, auch nicht in einer Generalüberholung ihrer Struktur mit verschiedenen Gemeindemodellen, sondern allein darin, dass die Kirche sich und ihre Gläubigen wieder mit all ihrer Erfahrung aus 2000 Jahren und aller Kraft und Fantasie zum Ernstfall ihrer Existenz hinführt.

Das aber ist das ewige Leben, zu dem der gekreuzigte Gottessohn mit seiner Auferstehung von den Toten in Jerusalem für uns alle und ein für alle Mal das Tor aufgestoßen hat.

Denen, die das für illusionär, weltfremd oder weltflüchtig oder für Opium oder eine andere Droge halten mögen, möchte ich in diesem Zusammenhang den Brand der Kathedrale „Notre-Dame" in Paris in Erinnerung rufen, der vor wenigen Wochen nicht nur Frankreich, sondern uns alle, ja die ganze Welt erschüttert hat wie ein Menetekel. Tausende waren vor diesen Bildern zutiefst erschrocken, weil sie spürten oder ahnten, dass hier nicht nur ein schönes altes Gebäude, sondern auch ein Teil von uns selbst und dem Besten unserer Geschichte in Flammen stand.

Dabei rief dieses Feuer aber auch neu die Faszination in Erinnerung, mit der die Menschen darauf geschaut haben müssen, als sie diese filigranen Kathedralen in Paris wie in Chartres und so vielen anderen Städten in ihrer Mitte errichteten mit ihren kostbaren Fensterrosen, die farbig waren wie himmlische Kaleidoskope, während die Bauleute dieser Weltwunderwerke wie die meisten Bewohner von Paris und aller anderen Städte Frankreichs noch in dunklen Hütten und Häusern aus engem Fachwerk lebten, in die sie abends heimkehrten. Ein größerer Kontrast als der zwischen der Lebenswirklichkeit dieser Menschen und den Raumwundern dieser Gotteshäuser war kaum denkbar. Dazu muss man auch dies noch wissen: Die beiden Westtürme in der Architektur der Kathedrale Unserer Lieben Frau von Paris sind wie in Chartres und fast allen gotischen Kathedralen markante Glockentürme. Vor allem aber haben sie seit der ersten gotischen Kathedrale in Saint Denis bei Paris insgesamt die Architektur einer Torhalle. Diese neuen Gotteshäuser wurden gleichsam als Tore zum Himmlischen Jerusalem errichtet! Das heißt: Hinter ihren Schwellen begann für die Gläubigen jeweils das Paradies schon auf Erden. Diese Kathedralen waren nicht nur kostbare Instrumente zur Feier des himmlischen Hochzeitsmahls der Eucharistie und zum Hinhören auf das Wort Gottes. Sie waren auch materielle Schnittmengen zwischen Himmel und Erde, in denen sich die Christen im Volk Gottes schon hier mit all ihren Sinnen zur Ewigkeit ausstreckten. Deshalb gingen mir beim Brand der Kathedrale auch unwillkürlich noch die Worte des badischen Landmannes Karl Rahner durch den Kopf, mit denen der wortgewaltige Jesuit schon vor über fünfzig Jahren visionär erklärte, der Christ der Zukunft werde ein „Mystiker" sein oder er werde „nicht mehr sein".

Diese Zukunft ist jetzt. Wenn diese Ahnung Rahners aber heute in den Kirchen fast völlig verloren geht in unserem kirchenpolitischen und theologischen Hickhack, in Prozessoptimierungsbemühungen und heißblütigen Debatten zu allerlei Streitthemen oder in den immer neuen Wortfindungsversuchen, die bei der Lösung turmhoher Probleme helfen sollen, darf keiner sich mehr wundern, dass sich unsere Gotteshäuser so radikal entleeren, wie wir es in unserer Zeit erleben. Nicht zum Vorteil, sondern zum Nachteil der ganzen Gesellschaft oder wie es der Erzbischof von Köln, Kardinal Rainer Woelki, im vergangenen März ausdrückte: „Die Alternative, vor der wir stehen, lautet zugespitzt: Entweltlichung der Kirche oder Entchristianisierung der Welt – jedenfalls des Weltteils, in dem wir Deutschen leben." Dabei gehe es in dieser Krise nicht um „unreflektierten Traditionalismus" oder Sehnsucht nach Vergangenheit. Der Weg der Kirche könne immer nur in die Zukunft führen und nicht in die Vergangenheit, aber diese Zukunft gebe es nur, wenn die Kirche „sich neu auf Christus besinnt, wenn sie zu ihm zurückkehrt, wo sie ihn aus den Augen verloren hat".

Katholische und evangelische Christen werden heute wohl kaum mehr neue Kathedralen bauen. Wesentlicher als die Kathedralen aus Stein aber sind diejenigen aus lebendigen Steinen, sind die Gläubigen, die in ihrem alltäglichen Leben Zeugnis abgeben. Sie müssen sich mit ihren Hirten wieder radikal zum Himmel und zur Ewigkeit ausstrecken, der Wiederkunft Christi entgegen, die sie in ihrem gemeinsamen Credo bekennen, damit die Kirche wieder neu strahlt und fasziniert, nicht um Proselyten zu machen, sondern um Salz der Erde zu sein für die ganze Gesellschaft, als großes Faszinosum und Kontrast zum Rest der Welt. Und eben nicht in einer noch stärkeren Angleichung an den Rest der Welt.

Denn es geht ja mehr als nur die Kirche zugrunde, wenn sie sich und ihre Gläubigen nicht auf diese letzte Dimension hin ausrichtet. Natürlich wird die Kirche nie zugrunde gehen, Gott sei Dank. Deshalb gehen aber auch unser bleibendes Ziel und der Auftrag nie zugrunde, Gott, dem wir unsere Würde und Antlitz verdanken, endlich „von Angesicht zu Angesicht" zu begegnen, wie Paulus sagt.

Auch „zum schiedlich-friedlichen Verhältnis von Staat und Kirche heute", das Karl Kardinal Lehmann hier im Juni 2007 analysierte, kann die Kirche und können die Kirchen deshalb heute nicht mehr und nichts Besseres beitragen als dies: dass sie christlicher und kirchlicher werden.

Das ist natürlich einfacher gesagt als getan.

Dennoch gibt es zum Wohl aller und zum Wohl des ganzen Gemeinwesens für diesen Weg keine Alternative. „Die Würde des Menschen ist ein Konjunktiv", hat der im April verstorbene Satiriker Wiglaf Droste seine Skepsis der Zukunft gegenüber einmal ebenso hintersinnig wie trocken formuliert. Das klang witzig und war doch bitter. Im Ernst antworten wir ihm und allen anderen Skeptikern der Menschenwürde zum Schluss aber doch noch einmal klar und deutlich: Nein, die Würde des Menschen ist kein Konjunktiv, sie ist keine Möglichkeitsform. Die Würde des Menschen ist ein Indikativ, eine Wirklichkeitsform! Mehr noch: ein Imperativ! Und sie ist unantastbar.

Die Mütter und Väter des deutschen Grundgesetzes hatten Recht und großes Glück, als sie diese Formel als Herzstück unserer Verfassung fanden. Und wir wissen dabei: Zur Vollendung kommt diese Würde erst am Ende der Tage, wie es auch Papst Franziskus immer wieder unterstreicht, für den die letzte Kategorie des Lebens das Leben mit Gott in der Ewigkeit ist.

Denn das Alpha und den Urgrund der Menschenwürde können wir nur in unserer Gottesebenbildlichkeit suchen und finden. Das Omega und Ziel der Würde des Menschen aber ist die Heiligung des Menschen – und sein Ruhen bei Gott in Ewigkeit. Dies ist der letzte Horizont, vor dem allein unser Leben gelingen kann und die Kirchen sich erneuern können und erneuern müssen und um sie herum noch einmal die ganze Welt.